선생님의 마음챙김

선생님의 마음챙김

행복한 교사로 살기 위한
마음의 균형 잡기

심윤정 지음

지식프레임

선생님께 마음챙김이 필요한 이유

학교에서 생활하다 보면 "아, 정신없어!"라는 말이 나도 모르게 튀어나오는 순간이 많습니다. 출근과 동시에 쏟아지는 업무, 수업과 학생들 생활지도까지 정말 눈코 뜰 새 없이 바쁘게 돌아가는 하루가 시작됩니다. 특히 코로나19 상황에서는 컴퓨터 앞에서 학생들을 챙기는 것도 만만치 않습니다. 등교 수업을 하는 날에는 하루 종일 방역 요원이 된 기분이 들기도 하지요.

요즘은 업무가 메신저로 전달되는 경우가 많아 관리를 조금만 소홀히 해도 처리할 일들이 금세 산더미처럼 쌓이고 맙니다. 한 가지 일을 처리하고 있으면 그 일이 채 끝나기도 전에 또 다른 새로운 일들이 쏟아지죠. 업무의 경중에 따라 일의 순서를 정하지만 급한 일만 처리해도 하루가 모자랄 지경입니다. 시간을 들여서 고민하고 차근차근 추진해야 하는 일들은 초과 근무를 하거나 결국 집에까지 갖고 와서 하는 경우도 많습니다.

교사들에게 마음챙김이 절실하게 필요하다고 생각하는 이유는 바로 이런 현실 때문입니다. 마음의 중심을 잡지 못한 채 하루 종일 정신없이 끌려다니는 기분으로 일을 하고 학생들을 만난다면 그 피해는 고스란히 학생들에게 돌아가기 때문이지요. 가정에서 내 몸과 마음의 상태가 좋지 못할 때 그 여파가 가족 구성원에게 돌아가듯, 학교에서는 그 대상이 학생이 될 때가 많습니다.

학생들에게 유독 짜증이 나고 화를 내게 되는 날, 저는 가만히 제 상태를 점검해 봅니다.

'지금 무엇 때문에 이런 반응이 나오는 것일까?'

나의 어떤 부분이 반응을 하고 있는지 잠시 멈추고 호흡을 하면서 몸의 감각을 느껴봅니다. '머리가 지끈거린다. 어깨가 뭉쳐 있다. 가슴이 답답하다. 등도 뻐근하다. 다리가 묵직하다. 팔이 쑤신다' 등 부위별로 느껴지는 통증이나 감각을 알아차리는 것입니다.

'아까 동료 선생님이 나에게 했던 말을 듣고 나는 지금 속상하고 섭섭하구나. 억울하기도 하고 슬슬 화도 나기 시작하네.'

머릿속에서 왔다 갔다 하는 생각과 감정들을 가만히 관찰해 보면 그것은 그저 떠올랐다가 사라지는 생각일 뿐입니다. 그런데 이를 관찰하지 못하고 그런 생각이나 감정이 곧 나인 것처럼 동일시할 때가 많지요.

'마음챙김'이나 '명상'이라는 단어를 떠올리면 많은 사람들이 가부좌를 틀고 앉아 눈을 감고 있는 이미지를 떠올립니다. 차분하고

도인 같은 사람들에게나 어울리는 것이 아닐까 생각하고, 나와는 왠지 거리가 멀고 낯설다는 느낌을 갖지요.

저 역시 오랫동안 이런 생각을 갖고 있었습니다. 그런데 지금은 마음챙김에 대한 인식이 조금 달라졌습니다. 마음챙김은 이미 많은 사람들이 일상생활에서 실천하고 있고, 어렵지 않게 누구나 할 수 있으며, 좀 더 행복하게 살기 위한 삶의 도구이자 삶을 대하는 태도라는 것을 알게 되었지요. 그래서 저는 요즘 마음챙김 전도사를 자처하며 기회가 닿는 대로 마음챙김을 알리는 사람이 되어가고 있답니다. 누구나 좋은 것을 보고 경험하면 내가 사랑하는 사람들에게 알려주고 싶은 마음이 듭니다. 저에게 마음챙김은 내가 사랑하는 학생들에게 꼭 주고 싶은 선물이고, 내가 사랑하는 동료 선생님들에게도 널리 알리고 싶은 아름다운 것입니다.

저는 특별한 사람이 아닙니다. 그래서 제가 할 수 있다면 어떤 선생님이라도 할 수 있다고 생각합니다. 특히 저처럼 하고 싶은 것, 벌여놓은 일들이 많아서 정신없이 살아가는 선생님께는 더욱 필요한 것이라는 생각이 듭니다. 일테면 오늘은 출근길에 잠시 초록색 풀을 배경으로 신발을 찍어보았습니다. '오늘 하루를 산뜻하게 보내야지!' 하는 의도를 세우면서 말이지요. 이렇게 하루를 시작하면 하루 종일 그 마음이 어느 정도 유지되는 것을 느낍니다. 마음의 여유가 생기니 여러 가지 일이 몰려와도 중심을 잡을 수 있는 힘이 생깁니다. 이처럼 간단하고 짧은 행동만으로도 마음챙김을 실천할 수 있습니다.

이 책은 여러분보다 조금 먼저 마음챙김과 자기 돌봄의 여러 가지 방식을 배우고 그것들을 삶에 적용해 본 경험을 나누는 내용입니다. 다양한 책과 워크숍을 통해서 배운 것들, 그중에서도 제가 먼저 실천해 보고 도움이 되었던 것들, 누구나 쉽게 실생활에 적용할 수 있는 것들을 중심으로 소개했습니다. 거창하고 심오한 이론이 아니라, 선생님들이 자기 자신을 알아가고 돌보면서 좀 더 행복하게 생활하는 데 도움이 될 수 있도록 친근하게 쓰려고 노력했습니다. 교사로서 마음챙김을 실천하고 학생들이나 동료들과 나누고자 노력해 온 제 경험이 선생님의 삶을 풍요롭게 하고 학생들에게 마음챙김을 알리는 데 밑거름이 되기를 바랍니다.

Contents

부록 _ 학생들과 함께하는 마음챙김 활동

행복한 교사로 살기 위한
마음의 균형 잡기

Part 1

마음챙김
알아가기

Mindfulness for Teachers

지금 내 안에
무슨 일이
일어나고 있나요?

'마음챙김'은 무엇일까요? 왠지 어렵고 거창한 수련을 해야 하거나 특별한 사람만이 할 수 있는 활동이라는 생각이 들 수도 있습니다. 어려운 명상 이론이나 어떤 종교적 신념이 필요할 것 같기도 합니다. 하지만 제가 경험한 마음챙김은 마음만 먹으면 누구나 할 수 있는, 그래서 함께 공유하고 싶은 간단한 활동입니다.

'마음챙김'은 명상을 기반으로 한 '매 순간의 알아차림'을 뜻합니다. 영어권에서는 'Mindfulness'로 표현되며, 우리나라의 책과 논문에서는 대부분 '마음챙김'이라는 단어로 번역됩니다. MBSR(Mindfulness Based Stress Reduction)은 마음챙김에 기반한 스트레스 감소 교육 프로그램으로 존 카밧진(Jon Kabat-Zinn) 박사가 동양의 다양한 명상에 영향을 받아서 만들었다고 합니다. 이 프로그램은 미국의 매사추세츠 주립대학병원에서 환자들을 위해 개발한 것으로, 프로그램 내용이 책으로 출간되면서 '마음챙김'은 전 세계적으로 널리 알려지게 되었습니다.

자, 그렇다면 학자들이 말하는 마음챙김의 정의는 무엇일까요?

- 의도적으로 현재의 순간에 머무르며 옳고 그름을 따지지 않는 자세로 주의를 기울이는 것 – 존 카밧진(Jon Kabat-Zinn)
- 바로 이 순간 일어나는 일들을 비반응적인 방식으로 알아차리는 상태 – 오렌 제이 소퍼(Oren Jay Sofer)
- 삶에서 일어나는 것에 열린 마음을 갖고 한 가지 관점에 얽매이지 않고 주의를 기울이며 주변을 새롭게 인식하는 것 – 엘렌 랭어(Ellen J.Langer)
- 이랬으면, 저랬으면 하고 바라지 않고 그저 지금 이 순간 일어나고 있는 일을 인지하는 것. 또한 모든 것은 언젠가 변하기 마련이므로 잃는 것이 두려워 집착하는 마음을 버리고 즐거움을 만끽하는 것 – 제임스 바라즈(James Baraz)

위에 소개한 정의 중에서 유독 마음에 와닿거나 눈에 들어오는 표현이 있으신가요? 여러 학자들이 공통적으로 설명하는 부분은 무엇인가요?

저는 '현재', '바로 이 순간'이라는 단어가 가장 먼저 눈에 들어옵니다. '옳고 그름을 따지지 않는 자세', '비반응적인 방식', '한 가지 관점에 얽매이지 않는다'는 표현은 공통적으로 나타나는 설명인 것 같습니다. 이를 종합해 보면 마음챙김은 "지금 내 눈 앞에 펼쳐지고 있는 모든 현상을 판단하지 않고 있는 그대로 알아차리는 것"이라고 정의할 수 있습니다.

이제 마음챙김에 대한 나만의 정의를 내려볼 차례입니다. 마음챙김이라는 개념이 막연하고 추상적으로 다가올 수 있기 때문에 이렇게 스스로 정의를 해봄으로써 그 의미를 좀 더 이해할 수 있습니다. 이 책을 읽는 선생님께서도 마음챙김에 대해 가지고 있었던 기존의 관념이나 이미지들을 먼저 떠올려보세요. 다른 사람들과 자신의 생각을 비교해 보면서 자신만의 문장으로 마음챙김을 설명해 보는 겁니다. 정해진 정답은 따로 없습니다. 간단하지만 단순한 이 활동을 통해 마음챙김에 한 발 더 다가갈 수 있습니다. 이 책을 다 읽고 나면 처음에 적어놓은 마음챙김의 정의를 다시 한번 돌아보기를 권합니다. 필요하다면 마음챙김에 대한 정의를 새롭게 수정할 수도 있을 것입니다.

다음은 마음챙김을 공부했던 동료들과 함께 마음챙김에 대해 나만의 정의를 내려본 것입니다.

- 마음챙김이란 언제라도 나의 감각에 귀를 기울임으로써 '지금-여기'로 돌아올 수 있게 하는 최고의 현존 급행 열차 – 심윤정

- 마음챙김이란 나에 대한 사랑, 삶에 대한 사랑을 실천하게 해주는 마음의 수호천사 – 김지영
- 마음챙김이란 하루 시작을 함께 한다면 사과보다 황금 같고, 매 순간 당신이 있어야 할 곳에 돌아오도록 하여 항상 마음의 행복에 햇빛을 비춰주는 일 – 박주연

이 책을 읽고 있는 지금, 선생님은 마음챙김이 무엇이라고 생각하나요?

"마음챙김 하면 무엇이 떠오르나요?"라는 질문에 다른 선생님들께서 대답해 주신 워드클라우드를 보며 공감 가는 단어가 있는지 살펴보세요.

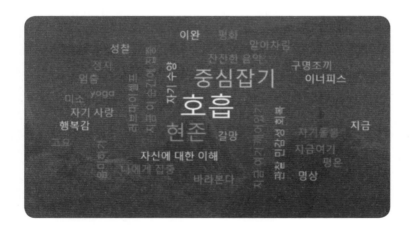

이제 마음챙김이라는 단어를 들었을 때 떠오르는 이미지를 그림으로 표현해 봅니다. 그림으로 표현하는 것이 부담스럽다면 생각나는 단어들을 적어봐도 좋습니다.

마음챙김을 하기 위해서는 스스로에게 항상 던져야 하는 질문이 있습니다. 바로 "지금 내 안에서 무엇이 일어나고 있는가?"라는 질문이죠. 이 질문에 대해 지금 제 안에서 들려오는 대답은 다음과 같습니다.

약간 나른하다. 살짝 졸리기도 하다. 얼른 이 책을 쓰고 싶다는 조바심도 있구나. 지금 이 명상에 대한 호기심과 흥미가 올라온다. 허리가 약간 아프다. 묵직함과 욱신거림이 느껴진다. 휴식이 잠시 필요하다는 생각이 든다.

위의 내용처럼 선생님도 한번 적어보세요.
"지금 내 안에서 무엇이 일어나고 있나요?"

_____

_____

_____

_____

지금 하신 것이 바로 마음챙김입니다. 알아차리고 알아차리고 알아차리는 것. 거기에 어떤 판단이나 평가도 섞지 않는 것. 그것이면 충분합니다.

구덩이에
빠지는
마음놓침의 순간

마음챙김의 반대말은 무엇일까요?《마음챙김》의 저자 엘렌 랭어는 '마음놓침(Mindlessness)'이라는 용어를 '마음챙김(Mindfulness)'과 대비되는 개념으로 사용하며, 마음놓침을 '집에 불은 켜져 있으나 사람은 없는 순간'이라고 표현합니다.

그렇다면 교사인 제가 주로 마음놓침을 하는 순간은 언제일까요? 그것을 알아차리기 위해 제가 생활하는 일상의 하루를 떠올려 보았습니다.

우선, 아침에 학교에 도착하면서부터 정신이 하나도 없습니다. 이처럼 우리가 자주 쓰는 "정신이 없다"는 말이 저는 바로 '마음놓침'의 상태라고 생각합니다. 학교에 있는 동안 정신줄을 부여잡고 있기 힘들다는 생각이 하루에도 몇 번씩 찾아오곤 하죠. 출근하자마자 자리에 앉아 노트북 전원을 켜면 메신저에는 벌써 여러 개의

쪽지가 와 있습니다. 메신저를 열어보는 순간 '아… 무엇부터 처리해야 하지?' 하는 생각에 부담감이 밀려옵니다. 업무 포털에 접속해 보니 처리해야 할 공문은 수북이 쌓여 있습니다. 정신을 가다듬기 위해 커피 한 잔을 타서 책상에 올려놓지만 눈은 컴퓨터 화면을 향하고 그렇게 한참을 일 처리에 몰두합니다. 그러다 보면 커피의 맛과 향을 음미할 겨를도 없이 어느새 교실에 들어가야 할 시간입니다.

수업에 들어가면 또 어떤가요? 학생들을 바라보고 있는 것만으로도 머리가 지끈거릴 때가 있습니다. 떠드는 학생들에게 주의를 주고 학습 분위기를 유지하며 수업을 하는 일이 결코 쉽지는 않습니다. 중간중간 일어서서 돌아다니는 아이는 제자리에 앉혀야지요, 말을 하면서도 학생들 전체를 살펴야지요, 언제 어디서 말다툼이 일어날지 모르고 어떤 돌발 상황이 일어날지 모르는 상황을 통제해 가면서 겨우 수업을 마치고 나면 기운이 쏙 빠집니다. 잠깐이라도 쉬고 싶지만 자리에 앉으면 그사이 또 메신저가 잔뜩 와 있네요. 당장 오늘 처리해야 할 일들이 기다리고 있는 겁니다. 공강 시간에 업무를 처리하지 않으면 학교에 남아서 해야 하기에 수업 모드와 일 처리 모드를 바로바로 전환해야 합니다. 이렇게 하루를 보내고 퇴근할 때쯤이 되면 완전히 녹초가 되어 집에 돌아오자마자 바로 눕고 싶은 상태가 되어버립니다.

그렇다고 집에 오면 마음껏 쉴 수 있나요? 저녁 식사 준비며 가족들을 챙기고 돌봐야 하는 일이 또 기다리고 있지요. 이것만 끝내고 쉬자, 일단 급한 것부터 해놓자 하는 마음으로 하루에 수십 가지 일을 동시에 처리하다 보면 과연 내가 제대로 숨은 쉬고 일한 것인지도 모르겠고, 화장실도 제대로 못 가거나 물 한잔 마시기 어려운 날도 있습니다.

제가 마음놓침을 하는 순간은 주로 바쁠 때입니다. 여러 가지 일들이 동시다발로 요구될 때 마음이 급해지면서 중심을 잃고 버럭 화를 내게 되죠.

아들이 어릴 때 있었던 일이에요. 함께 외출을 하려면 옷도 입혀야지, 설거지도 해놓고 나가야지, 이것저것 챙겨야 할 일이 한두 가지가 아니었습니다. 하루는 약속한 시간에 늦을까봐 걱정되는 마음이 올라왔는데, 그때 아들한테 짜증 섞인 목소리와 에너지가 전달되었나 봅니다. 아들이 저에게 묻더군요.

"엄마, 지금 마음이 바빠?"

그 순간, 머리를 한 대 맞은 것처럼 알아차림이 왔어요.

'아, 내가 마음이 바쁠 때마다 애한테 짜증을 냈구나!'

아들이 제 마음을 읽어주고 공감을 해주어서인지 그 느낌이 쑤욱 하고 내려가더군요.

이처럼 남이 볼 때는 잘 보이는데 내가 볼 때는 잘 안 보이는 내 발밑의 구덩이가 누구에게나 있습니다. 포르티아 넬슨(Portia

Nelson)의 〈다섯 장으로 된 짧은 자서전〉이라는 글에는 바로 이 구덩이에 대한 비유가 나옵니다.

1. 난 길을 걷고 있었다. 길 한가운데 깊은 구덩이가 있었다. 난 그곳에 빠졌다. 나는 어떻게 할 수가 없었다. 그건 내 잘못이 아니었다. 그 구덩이에서 빠져나오는 데 오랜 시간이 걸렸다.

2. 난 길을 걷고 있었다. 길 한가운데 깊은 구덩이가 있었다. 난 그걸 못 본 체했다. 나는 다시 그곳에 빠졌다. 똑같은 장소에 또다시 빠진 것이 믿어지지 않았다. 하지만 그건 내 잘못이 아니었다. 그곳에서 빠져나오는 데 또다시 오랜 시간이 걸렸다.

3. 난 길을 걷고 있었다. 길 한가운데 깊은 구덩이가 있었다. 난 미리 알아차렸지만 또다시 그곳에 빠졌다. 그건 이제 하나의 습관이 되었다. 나는 비로소 눈을 떴다. 난 내가 어디 있는지를 알았다. 그건 내 잘못이었다. 난 그곳에서 얼른 빠져나왔다.

4. 내가 길을 걷고 있는데 길 한 가운데 깊은 구덩이가 있었다. 난 그 구덩이를 돌아서 지나갔다.

5. 나는 이제 다른 길로 가고 있다.

동료 선생님께서 딸과 함께 있었던 일화를 들려주신 적이 있습니다.

"이 스노우볼 속에 떠다니는 눈들은 우리의 다양하고 소중한 감정들이야. 그런데 이렇게 눈들이 떠다닐 때는 상대를 제대로 볼 수 없어. 그래서 말이야…."

계속되는 엄마의 설명을 끝까지 듣고 있던 딸이 한마디 했다고 합니다.

"그럼, 지금 엄마의 마음속에 떠다니는 감정들은 뭐야? 엄마의 지금 마음은 어때? 엄마가 내게 전해 주는 것은 지식이잖아. 난 엄마의 경험을 듣고 싶어. 지식이 아니라."

"……."

이 상황은 가르치는 일을 직업으로 가진 교사 엄마가 빠지기 쉬운 구덩이였던 것입니다.

우리가 주로 어떤 구덩이에 빠지는지 동료 선생님들께 물어보았더니 다음과 같은 답변을 해주셨습니다.

- 예전에 사춘기 아들과 싸울 때 마음놓침을 자주 경험했지요. 그때 너희 때문에 내가 화가 난다고 했었는데 사실 화가 나는 상황이 따로 있는 게 아니라, 내가 화를 내는 선택을 했다는 걸 한참 후에 깨달았어요. "엄마는 왜 짜증을 내면서 들어와서 나한테 화풀이를 해?" 하는 말에 당황했던 기억이 나네요. 해야 할 일이 몰아치면 내가 하고 싶은 것을 챙길 여유를 갖지 못하는 구덩이에 빠진 거지요.

- 요즘 저는 늦은 퇴근 후 집에 도착하면 마음을 놓쳐요. 주말에도

요. 모든 긴장감이 사라지고, 계획했던 일도 안 하고, 뭔가를 먹으며 TV 앞에 널브러져 있게 됩니다. 그래서 시간을 의미 없게 보내죠. 피곤하다고 느끼거나 쉬어야 한다고 생각할 때 TV 시청과 폭식의 구덩이에 빠집니다.

선생님께서 주로 빠지는 구덩이는 무엇인가요? 생각을 가다듬고 아래에 짧게라도 정리해 보세요.

_____

_____

_____

_____

구덩이에서 빠져나오기 위한 나의 방법은 무엇인가요?

_____

_____

_____

_____

내가 자주 빠지는 구덩이가 있다는 것을 알아차리고, 그곳에 빠지지 않고 다른 길을 선택해서 걸어갈 수 있으려면 어떻게 해야 할까요?

일단은 '아, 내가 또 같은 길로 걸어가고 있구나. 바로 앞에 구덩이가 있구나.'와 같은 알아차림이 필요합니다. 빠지기 전에 알아차릴 수 있다면 다른 길로 갈 수 있는 선택을 할 수 있겠죠. 물론 알아차리고 멈추는 것이 생각처럼 쉽지는 않습니다. 이렇게 멈출 수 있는 힘은 평소의 연습에서 나옵니다. 그 연습을 하는 것이 바로 마음챙김을 하는 시간입니다.

《너의 마음은 하늘과 같아》(브론웬 발라드 글, 로라 칼린 그림)라는 그림책에서는 우리의 마음을 하늘에 비유합니다. 하늘에 떠다니는 구름을 생각이라고 했을 때 우리 마음속의 하늘에는 보송보송한 흰 구름 생각이 떠다닐 때도 있고, 비구름 생각이 떠다니는 날도 있다는 거죠. 우리가 비구름 생각 속에 있을 때는 그 구름이 더 커 보이고 다른 것들은 거의 눈에 들어오지 않는다고 합니다. 이때 '아, 비구름 생각이 또 찾아왔구나.' 하고는 하늘에 떠다니는 구름을 바라보듯이 그저 그 생각을 바라보라고 합니다. 이것이 바로 알아차림이고 마음챙김입니다.

물론 정말 큰 비구름이 찾아올 때는 어쩔 수 없이 그냥 비를 맞고 있는 방법밖에 없을 때도 있습니다. 그런데도 비구름이 없는 것처럼 모른 척 외면하거나 비구름은 싫다고 얼른 저리 가라고 맞서서 싸워본 경험이 있을 겁니다. 그런다고 비구름이 사라지던가요? 그럴 때 우리 마음 안에는 흰 구름이 있다는 것을 떠올려볼 수도 있고, 비구름을 바라보면서 지나가기를 잠시 기다려보는 방법도 있답니다.

마음챙김이
가져다주는
변화

'디폴트 모드 네트워크(default mode network)'는 아무것도 하지 않는데도 뇌가 지속적으로 작동하는 상태를 말합니다. 이때는 뇌의 전전두엽과 후방대상피질이 활성화되어 멍한 상태가 되죠. 디폴트 모드 네트워크가 활성화되면 기억력과 창의력이 좋아지기도 합니다. 하지만 괴로운 생각에 빠져 있거나 우울한 상태로 있을 때는 디폴트 모드 네트워크가 과도하게 활성화되어 쉽게 피로해집니다. 에너지를 지나치게 사용하기 때문입니다.

학교에서 학생들의 다툼이 있거나 학부모의 민원 전화를 받은 날에는 퇴근 후에 멍하니 누워 있어도 학교 일로 머릿속이 가득 차 있다 보니 몹시 피곤했던 경험이 있습니다. 바로 디폴트 모드 네트워크가 과도하게 활성화된 상태였던 거죠. 저뿐만 아니라 많은 선생님들께서 이와 비슷한 경험이 있으실 겁니다. 그리고 바로 이런 순간에 도움을 줄 수 있는 것이 마음챙김이며, 이는 과학적으로도 입증되고 있습니다.

마음챙김의 아버지라고 불리는 존 카밧진 교수는 MBSR(마음챙김 기반 스트레스 감소 프로그램)을 8주 동안 실시한 결과 대뇌피질이 두꺼워져 뇌의 기능이 개선되었다는 사실을 밝혀냈습니다. 뇌는 가소성을 띠고 있어 계속 변화할 수 있는데, 명상을 통해 일시적인 효과가 아니라 뇌 구조 자체를 변화시킬 수 있다는 것은 참으로 놀라운 일이 아닐 수 없습니다.

그렇다면 명상을 통해 어떻게 뇌가 변화되는 것일까요? 이는 호흡과 주된 관련이 있습니다. 명상을 하면 우리 몸은 산소 소비량이 20% 정도 줄어듭니다. 부교감신경이 활성화되면서 심장 박동이 줄고 피의 흐름이 느려져 전체적으로 산소 소비량이 줄어드는 거지요. 반면 몸속의 전체 산소량은 오히려 늘어납니다. 명상을 하는 동안 깊은 호흡을 하기 때문에 산소가 많이 발생하고, 뇌가 사용할 수 있는 산소량이 늘어나니 그만큼 뇌 기능이 활발해지는 것입니다.

무엇보다 마음챙김은 주의력을 향상시키는 데 탁월한 효과가 있습니다. 교사는 학생들에게 집중하라는 말을 참 많이 하죠. 그런데 어떻게 하면 주의력을 향상시킬 수 있는지에 대해서는 알려주지 않았던 것 같습니다.

주의력은 크게 두 가지로 구분할 수 있습니다. '한곳에 모으는 주의'와 '고르게 확산하는 주의'입니다. 특정 대상 하나에 주의를 모을 때 명상가들은 그 대상을 '닻'에 비유합니다. 어떤 대상에 마치 닻을 내리듯 주의를 정박시켜 집중할 수 있다는 의미입니다. 이렇게 닻을 내리는 일이 마음챙김에서는 주로 호흡일 때가 많고, 종종 소리나 색깔, 몸의 동작 등을 이용하기도 합니다.

고르게 확산하는 주의는 넓고 수용적인 빛을 쏘아 변화하는 경험의 넓은 영역을 고르게 비추는 주의이다. (중략) 한곳에 모으는 주의는 아이들이 깨어 있는 채로 주의가 산만하지 않은 집중된 상태에 있게 한다. 그런데 고르게 확산하는 주의를 기울일 때에도 깨어 있는 채로 주의가 산만하지 않은 집중된 상태로 있을 수 있다.
　- 수잔 카이저 그린랜드,《마음챙김 놀이》중에서

교사들이 마음챙김을 연습하면 수업 진행에 주의를 두면서도 교실 내에서 벌어지는 다양한 상황에 대해 고르게 확산된 주의를 둘 수 있습니다. 전체를 보는 시야가 넓어지는 겁니다. 그러다 보면 여러 가지 일을 동시에 수행하는 멀티태스킹 능력도 향상됩니다. 저는 마음챙김을 하고 난 뒤 복잡한 일들이 몰려와도 이전보다 침착하게 대응할 수 있게 되었습니다. 그 덕에 다양한 일들을 좀 더 집중력 있게 해내고 있다는 것을 느끼고 있죠.

명상 분야의 최고 권위자로 알려진 앤디 퍼디컴(Puddicombe

Andy)은 넷플릭스와 공동으로 〈헤드 스페이스 : 명상이 필요할 때〉라는 프로그램을 제작했습니다. 이 영상에서는 스페인의 한 고등학교에서 공격적인 행동을 하는 고등학생들을 대상으로 실험한 내용을 소개합니다. 문제 행동을 일으켜 학교 상담실에 다섯 번 이상 불려갔던 학생들을 모아 그중 절반에게는 10주 동안 명상 훈련을 하도록 하였고 나머지 반에게는 명상 훈련을 시키지 않았는데, 명상을 한 학생 집단에서 공격성과 충동성이 현저하게 줄어든 결과가 나왔습니다. 학업 성적뿐만 아니라 인간관계나 생활지도 면에서도 명상이 도움된다는 것을 입증한 것이지요.

이처럼 최근 들어 명상의 효과를 입증하는 많은 연구들이 나오고 있습니다. 그 결과에 따르면 마음챙김은 집중력을 향상시키고, 감정을 조절하는 능력을 향상시키며, 신체의 면역력까지 높여주어 감기 같은 질환에도 쉽게 걸리지 않는 효과가 있다고 합니다.

기말고사 직전 수업 시간에 중학교 2학년 학생들을 대상으로 마음챙김 수업을 한 적이 있었습니다. 온라인 수업이었기에 짧은 동영상을 보면서 스스로 명상을 해보도록 안내하고 그 소감을 받아보았는데 놀라운 이야기들이 참 많았습니다.

• 시험이 얼마 안 남아서 마음이 복잡했는데 명상을 하며 마음이 차분해져 기분이 좋아지고 복잡했던 마음이 없어져 좋았다.

- 명상을 하며 나의 내면을 관찰하고 마음을 비울 수 있었다. 시험 때문에 생긴 긴장감을 조금 풀 수 있었던 것 같다.
- 나는 시험이 이번 주에 끝나면 빨리 끝내고 실컷 놀려고 하였는데 좋은 건지 아니면 나쁜 건지 1주가 연기되어서 솔직히 조금 짜증이 났었다. 그런데 명상을 하고 나서는 공부할 시간이 더 늘어난 것이니까 좋은 거지 하며 마음이 편안해졌다.
- 명상을 조금 더 일찍 알고 실천했으면 좋았을 것 같다는 생각이 들었다. 시험이 약 5일 정도 남았는데 앞으로라도 명상을 실천하며 효율적인 공부를 해나가야겠다는 생각이 들었다.
- 매우 마음이 편안해졌고 집중력과 인내심을 기를 수 있어서 공부할 때에도 도움이 되었다.
- 명상을 하고 난 뒤에 공부를 하면 잡념에 빠지지 않아서 신기했다.
- 머리가 더 맑아져서 집중이 더 잘 되는 느낌이 들었다.
- 공부를 하다가 휴식의 효과가 있었다.
- 명상을 하니 공부와 시험 스트레스가 약간 풀리고 마음이 진정되었다.
- 명상을 하니까 컴퓨터만 뚫어져라 쳐다봐서 피로했던 눈이 나아진 기분이 들었다.

학생들의 반응을 보면서 확신과 자신감이 생겼습니다. 학생들은 이미 받아들일 준비가 되어 있구나 하는 생각도 들었지요.

마음챙김 교사연습모임에서 활동하고 있는 다른 선생님들께도 학생들의 반응이 어떠했는지 물어봤습니다. 춘천에서 초등학교 3학년 학생들의 담임을 맡고 계신 선생님께서는 수업 전에 학생들과 짧은 마음챙김 호흡 명상을 꾸준히 시도하고 있는데, 초등학생들 역시 아래와 같은 소감을 말해 주었다고 합니다.

- 머릿속이 복잡했는데 아무 생각이 없어졌어요.
- 포근한 느낌이 들었어요.
- 차분해졌어요.
- 시원한, 상쾌한 기분이 드네요.
- 아무런 소리도 들리지 않고 고요했어요.
- 동생이랑 싸워서 엄마한테 혼나 기분이 좋지 않았는데 편안해졌어요.

마음챙김
연습하기

마음챙김 체크리스트

●

　오늘 나의 마음챙김 상태를 체크해 보세요. 마음챙김 교육을 시작할 때 아래 체크리스트를 활용하여 학생들의 상태를 스스로 점검해 보게 하고, 이 책에 나오는 다양한 활동들을 한 달 정도 해본 뒤 다시 한 번 체크리스트를 통해 마음챙김의 효과를 확인해 보세요.

• 오늘 스트레스 수준은 어느 정도인가요?

| 1 | 2 | 3 | 4 | 5 | 6 | 7 | 8 | 9 | 10 |

• 오늘 나의 기분은 얼마나 분주했나요?

| 1 | 2 | 3 | 4 | 5 | 6 | 7 | 8 | 9 | 10 |

- 오늘 얼마나 집중할 수 있었나요?

1   2   3   4   5   6   7   8   9   10

- 오늘 다른 사람들에게 얼마나 친절했다고 생각하나요?

1   2   3   4   5   6   7   8   9   10

- 오늘 어려움 가운데서도 얼마나 감정을 잘 조절했다고 생각하나요?

1   2   3   4   5   6   7   8   9   10

- 오늘 나 자신에게 얼마나 친절했나요?

1   2   3   4   5   6   7   8   9   10

- 오늘 나의 행복감은 어느 정도인가요?

1   2   3   4   5   6   7   8   9   10

마음챙김은
수업을
어떻게 바꾸는가?

학생들이 마음챙김을 하게 되면 학습에는 어떤 도움이 될까요? 또 학교에서 교사와 학생이 마음챙김의 관점으로 수업에 접근한다면 어떤 효과가 있을까요?

교사인 우리는 교과서에 나오는 것을 꼭 그대로 전달해야만 하고, 종종 학생의 질문에 답변이 곤란하거나 논란의 여지가 있을 경우 그때마다 앵무새처럼 교과서가 판단의 기준이라고 학생들에게 말하는 경향이 있습니다. 하지만 교과서에 나오는 것, 혹은 선생님이 말하는 것이 절대적인 진리이고 그것을 그대로 따르도록 하는 것이 우리가 나아가려는 교육의 방향은 아닐 겁니다. 저 역시 교사로서 학생들에게 다양한 관점으로 세상을 바라볼 수 있는 시각을 키워줘야 한다고 생각하지만, 실제로 학생들에게 그런 메시지가 잘 전달되고 있는지는 의문입니다.

저는 학생들이 주어진 정보를 아무런 의심 없이 그대로 받아들이는 것이 아니라, 열린 마음으로 다양한 관점으로 바라볼 수 있기를 바랍니다. 그런 의미에서 마음챙김은 교사나 학생 모두에게 필요한 연습이 아닐까 생각합니다.

마음챙김으로 학습을 한다는 것은 지식을 절대적인 진리로 받아들이지 않게 해줍니다.

새로운 교수법의 핵심은 이 세계가 가진 조건부적 혹은 맥락 의존적 성격과 불확실성의 가치를 인정하는 것이다. 기술과 사실을 가정의 형태로 가르침으로써 이를 의심할 수 있는 마음가짐, 그리고 다양한 상황에서 이를 미묘하게 변화시킬 필요가 있을 수 있다는 깨달음을 준비시키는 것이다.

― 엘렌 랭어,《마음챙김 학습혁명》중에서

내가 가르치는 것이 절대적으로 맞고 흠이 없어야 한다는 강박에서 벗어나면 가르치는 입장에서도 더욱 편안한 마음이 됩니다. '지금까지 내가 아는 한도에서는 이러한 정보가 있고 선생님은 그것을 너희들에게 전달하는 것이다. 새로운 사실은 언제든지 밝혀질 수 있고, 여러분들이 그것을 발견할 수도 있다.'라는 메시지를 줄 수 있는 것이지요.

또한 마음챙김으로 학습하는 수업에서는 학생에 대해 '주의가 산만하다'는 말을 '다른 곳에 주의를 두고 있다'는 말로 바꿀 수 있습니다. 우리는 학생이 교사의 말에 귀를 기울이지 않고 있을 때 "저 아이는 산만해. 집중을 하지 못해."라고 흔히들 이야기하지요. 그런데 산만하다는 관점에서 벗어나 다른 무엇인가에 주의를 집중하고 있는 상태라고 생각해 보면 어떨까요? 그 학생이 무엇에 흥미를 느끼는지, 어째서 그것에 정신이 팔려 있는지 관심이 생겨납니다. 어쩌면 우리는 가만히 움직이지 않고 교사만 바라보고 있어야 주의를 집중하는 것이라는 생각에 오랫동안 사로잡혀 있었는지도 모릅니다.

《마음챙김 학습혁명》의 저자인 엘렌 랭어는 '주의 집중력을 높이는 가장 효율적인 방법은 이야기든 지도든 그림이든 자극이 주어지는 상황 안에서 새로움을 찾아내는 것이다. 이것이야말로 우리 아이들에게 가르쳐줘야 할 가장 쓸모 있는 가르침'이라고 말합니다. 실제로 수업을 진행해 보면 한 가지 방식으로만 수업을 구성하는 것은 무리가 있습니다. 학생들은 금세 지루해하거나 집중력을 잃고 말죠. 그래서 저는 45분 수업 중에 교사의 설명, 짧은 영상, 모둠 활동, 발표하기, 글쓰기, 놀이의 요소들을 적절하게 섞어서 활동을 전환하는 방법을 자주 사용합니다. 마음챙김의 관점에서 볼 때 이처럼 학생들에게 새로움을 찾아낼 수 있도록 하는 것이 학습에 효율적이라는 점은 교사가 수업을 디자인할 때 꼭 염두에 두어야 할 부분입니다.

마음챙김을 하면서 학습을 한다는 것은 학습하는 과정 자체를 즐길 수 있도록 도와준다는 것을 의미합니다. 지금의 지루함과 고통을 참고 이겨내 나중에 보상을 받자는 기존의 관점과는 완전히 다른 것이지요.

혹시 우리는 공부는 원래 재미없는 것이고, 좋은 대학에 가고, 좋은 직장을 갖기 위해서 힘들더라도 열심히 해야만 한다고 가르치고 있지 않은가요? 꼭 그렇게 말하지 않더라도 우리가 전달하고 있는 메시지가 학생들에게 그렇게 다가가고 있지는 않았을까요?

교사인 우리가 학생들에게 쓰는 방법은 대개 두 가지 중 하나입니다. "이번 시간에 열심히 공부하면 쉬는 시간을 좀 더 줄게." 혹은 "열심히 공부하지 않는다면 쉬는 시간을 주지 않겠어."라고 하는 거죠. 어떤 방법이든 두 가지 모두 공부하는 시간은 재미없고 즐겁지 않은 시간이라는 메시지를 학생들에게 심어주고 있는 겁니다.

그런데 만약 학습하는 과정이 즐겁다면 어떨까요? 학습하는 과정에서 호기심 어린 눈으로 새로운 것을 발견하는 기쁨을 느낄 수 있다면요?

마음챙김을 한다는 것은 무언가를 늘 새롭게 보는 과정이기도 합니다. 지금 내 앞에 펼쳐지는 모든 현상을 어떠한 판단 없이 바라보고 그대로 수용하는 것이니까요. 꼭 명상 자세를 하고 앉아 있을 때만 그런 상태가 되는 것은 아니에요. 일상 속에서 그런 관점으로 살아가기 위해 우리는 마음챙김을 연습하는 것입니다. 삶을 더욱 생동감 있게 살기 위해서요.

교사인 저는 학생들이 학습을 하는 과정에서도 마음챙김의 관점으로 접근할 수 있도록 도와주고 싶습니다. 단순히 집중력을 높이고 마음이 차분해지도록 하는 것을 넘어, 수업 내용에서도 마음챙김을 통해 새로운 관점을 찾아낼 수 있도록 연구하고 실천해 보는 것이지요.

제가 생각하는 마음챙김 학습은 다음과 같은 것입니다.

- 학생들에게 사물이나 현상을 선입견이나 치우친 판단 없이 바라볼 수 있도록 하는 것
- 솔직하게 자신을 직면하고 자신의 느낌과 욕구를 알아차릴 수 있도록 하는 것
- 학생들의 다양한 생각을 묻고, 그것이 하나하나 소중하지만 그것 또한 하나의 생각일 뿐임을 알아차리게 하는 것
- 늘 자신의 배움을 돌아보고 성찰하게 하는 것
- 세상 만물에 대해 친절한 마음과 연민의 마음을 계발시키는 것
- 자주 '지금-여기'로 돌아오도록 환기시키는 것
- 자신의 주의가 지금 어디를 향하고 있는지 스스로 알아차릴 수 있

도록 하는 것
- 지금 내가 마음을 놓치고 있는 상태인지 아닌지를 알아차릴 수 있는 능력을 가질 수 있도록 하는 것
- 하루하루 선한 의도를 내어 생동감 있게 살아갈 수 있는 힘을 얻도록 하는 것
- 자신과 타인의 실수를 너그럽게 용서할 마음의 힘을 기르는 것

　마음챙김을 수업에서 구체화하기 위해서는 선생님들이 마음챙김의 관점을 체화하는 것이 우선되어야 합니다. 교사의 관점에서만 수업을 보는 것이 아니라 학생의 관점에서도 수업을 바라볼 수 있어야 합니다. 학생 입장에서 진짜 배우고 싶은 것은 과연 무엇일까요? 교과서에서 전달하는 내용을 교사가 잘 이해시키고 그것에 관해 말할 수 있도록 재미있게 수업을 구성하면 정말 배움이 일어나는 것일까요? 오늘 학습의 주제와 내용을 배우고 나면 학생에게 어떤 변화가 일어나기를 원하는지, 이걸 배우는 것이 학생에게 실질적으로 어떤 의미가 있는지를 좀 더 고민해 볼 필요가 있지 않을까요?

　마음챙김의 관점으로 학습을 바라본다는 것이 아직은 생소하게 느껴질 수 있습니다. 그렇다고 너무 막연해하거나 어렵게 생각할 필요는 없습니다. 이를테면 각 과목마다 성찰적인 요소를 넣어서 스스로를 돌아볼 수 있게 하는 활동들도 마음챙김적인 접근이 됩

니다. 창의적인 방식을 통해 학생들이 내면을 표현하도록 돕는 것도 마음챙김 활동이 될 수 있습니다. 관찰을 통한 그리기 활동, 그림이나 음악 또는 시와 같은 예술 작품을 통해 영감을 얻도록 하고 내면에서 경험하는 모든 것들을 있는 그대로 풍부하게 알아차리고 표현하게 하는 것도 마음챙김입니다. 어떤 결과가 나와야 한다는 목표를 두고 예술 활동을 하게 하는 것이 아니라, 지금 내가 느끼고 생각하는 것들을 그대로 경험하며 표현할 수 있도록 하는 것입니다. 때로는 학생들이 불편한 감정이나 외로움, 쓸쓸함, 슬픔을 오롯이 느끼고 마음껏 표현할 수 있다면 자연스럽게 치유와 받아들임이 일어날 것입니다. 체육 시간에는 온전히 그 행위에 몰입하고 주의를 집중할 수 있을 때 제대로 된 동작이 나오고 실력을 발휘할 수 있으니 마음챙김이 필수적인 기술이 될 것입니다. 마음챙김 먹기 명상을 하면서 이 음식이 어떤 과정을 거쳐 내 앞에까지 놓이게 되었는지의 과정을 함께 생각해 보고, 지구의 모든 생명체가 연결되어 있음을 언급하면서 나의 행위가 어떻게 환경에 영향을 미칠지에 대한 토의로 이어지게 할 수도 있겠지요.

사회 과목을 가르치는 저는 코로나 시대에 택배 노동자들의 열악한 노동 현실에 대한 영상과 기사를 함께 공부하고 나서 택배 노동자에게 보내는 감사 편지를 써보고 패들렛에 공유하는 수업을 한 적이 있습니다. 수업 시간에 직접적으로 마음챙김 명상을 한 것은 아니지만, 내가 추구하는 편리함의 이면에는 고통을 감수하면서 일하고 있는 분들이 있다는 것을 알게 되면서 학생들의 마음에 자연스럽게 연민과 감사의 마음이 일어났죠. 그분들에게 진심을 담은 편지를 쓰는 모습을 보며 제 마음도 뭉클했던 기억이 납니다.

마음챙김 학습은 교과서에 나오는 지식이 상급 학교 진학을 위한 도구나 외워야 하는 글자로 끝나지 않습니다. 교과서의 지식이 학생의 삶과 어떻게 연결되는지 함께 탐구하고, 마음챙김을 통해 나를 관찰하고 잘 이해하는 것이 곧 남을 이해하고 사랑하게 되는 길임을 알게 합니다.

행복한 교사로 살기 위한
마음의 균형 잡기

Part 2
—
마음챙김과
친해지기

Mindfulness for Teachers

호흡으로
마음의 닻을
내리다

마음챙김은 어떤 대상에 주의를 집중해서 판단 없이 그저 바라보는 것입니다. 이때 가장 기본이 되는 것이 호흡입니다. 우리가 호흡으로 명상을 시작하는 이유는 호흡을 통해 마음을 안정시키고 몸이 이완되면서 고요함으로 들어가는 문을 열어주기 때문이지요. 호흡은 늘 우리와 함께하기 때문에 아무런 도구가 필요하지 않습니다. 배가 정박을 하기 위해 닻을 내리듯, 마음챙김을 할 때 주의를 두는 대상을 우리는 닻에 비유합니다. 그리고 가장 기본이 되는 닻은 바로 우리의 호흡입니다.

가만히 눈을 감고 평소대로 숨을 쉬어볼까요? 조용히 눈을 감고 숨을 쉰다고 느껴지는 부분이 어디인지 찾아보세요. 코끝인가요? 가슴인가요? 아니면 배인가요? 아기들은 대부분 배로 숨을 쉬는데 어른이 되면서 점차 가슴으로 호흡을 합니다. 그러다가 나이가 들수록 목으로 숨을 쉬고, 그래서 죽음을 맞을 때는 '목숨이 끊어졌다'고 표현합니다.

화가 나거나 흥분을 하면 숨이 거칠어집니다. 숨이 거칠어진다는 것은 호흡이 빨라진다는 것을 의미하죠. 뇌에 산소 공급이 줄어들어 심장 박동도 빨라지고 스트레스 호르몬이 분비됩니다. 그러다 보면 더 흥분하게 되고 거친 행동이 나올 수도 있습니다. 이럴 때는 몇 번의 심호흡을 하는 것만으로도 흥분이 가라앉고 마음이 진정되는 효과가 있습니다.

다음은 스트레스 상황에서 마음을 고요하게 해주는 호흡법입니다.

1. 등을 곧게 펴고 앉습니다.
2. 숨을 들이쉬며 목구멍 뒤로 빠르게 넘어가는 공기를 느껴봅니다. 들이쉴 때 공기가 폐를 가득 채운다고 상상합니다.
3. 숨을 내쉬기 전에 잠시 멈추는 순간을 알아차려봅니다.
4. 숨을 내쉴 때는 폐가 텅 비워진다고 상상하면서 입으로 공기를 내뱉습니다.
5. 다시 숨을 들이쉬기 전에 잠시 멈추는 순간을 알아차려봅니다.
6. 위 과정을 반복합니다.

집중력이 흩어진다면 잠시 하던 일을 멈추고 눈을 감고 1분만이라도 호흡에 주의를 기울여보세요. 알 수 없는 이유로 자꾸 짜증이 날 때, 막연히 불편함이 느껴질 때, 마음이 어수선할 때 자세를 바르게 하고 천천히 숨을 들이마시고 내쉬어보세요. 학생들과 수업을 하다가 잠시 멈추게 하고 호흡으로 돌아가도록 하는 것도 좋은 가르침이 됩니다. 학생들 스스로가 이 방법을 실천할 수 있다면 학업에도 큰 도움이 되죠.

호흡에 집중할 때 많은 사람들은 호흡을 길게 하지 못하는 스스로를 자책하거나 부족하다고 여깁니다. 하지만 그런 판단은 내려놓아도 좋습니다. 그냥 내 호흡의 길이에 맞게 편안한 마음으로 하는 것이 좋습니다. 집중하다 보면 자연스럽게 호흡이 조금씩 깊어지고 길어지는 것을 느낄 수 있거든요. 그렇게 내 속도에 맞게 해나가면 됩니다.

다음은 제가 호흡 수련과 친해지기 위해 썼던 명상일지입니다. 처음에는 자연스럽게 나의 호흡을 느껴보는 활동부터 시작하기로 마음먹고 우선 내가 어디로 호흡하고 있는지 느껴보는 것에서부터 시작했습니다. 호흡에 숫자를 붙여보기도 하고, 누워서 한 경우와 앉아서 한 경우도 비교해 보았지요. 때로는 만트라(기도 또는 명상을 할 때 외우는 경구)를 활용해 보기도 했습니다.

1. 요가 매트 위에 누워서 배 위에 손을 얹고 천천히 호흡해 보았다. 마음속으로 숫자를 세면서 했다. 숨을 들이마실 때 넷까지 세고, 잠시 멈추는 숨에 머물러보았다. 마음속으로 숫자를 셋까지 세었다. 내쉬는 숨을 길게 하는 것이 건강에 좋다고 하니 조금 길게 내쉬려고 노력한다. 여섯까지 세니 더 이상은 힘들었다. 자연스럽게 다시 숨을 들이쉬게 되었다. 이런 식으로 누워서 10분 정도 수련을 했다.

2. 누워서 한 손은 가슴 위에, 한 손은 배 위에 놓고 천천히 호흡해 보았다. 어디가 더 많이 움직이는지 보니 다른 곳보다 배가 훨씬 더 많이 움직인다. 주로 내가 어느 부분으로 호흡하고 있는지 알아보기 위해 하는 동작이다. 내 호흡이 어디서 좀 답답하게 느껴지는지, 어느 정도의 길이로 하는 것이 편안한지, 들이마시는 숨과 내쉬는 숨 중에서 어느 쪽이 더 긴지도 체크해 보았다. 처음에는 들이마시는 숨이 더 긴 것 같아서 조금씩 내쉬는 숨을 더 길게 하려고 노력하면서 의식을 집중해 보았다.

3. 앉아서 하는 호흡 연습이다. 편안하게 앉아서 목과 어깨는 자연스럽게 긴장을 풀고, 등과 허리는 편 자세이다. 코끝에 주의를 두고 숨이 어디로 들어가고 나가는지, 그 감각이 어디서 느껴지는지 알아차리려는 의도를 가지고 집중해 보았다. 코의 안쪽 끝부분에서

미세한 감각이 느껴졌다. 생각이 떠오르면 다시 그 감각으로 돌아간다. 숨을 쉴 때 배가 부풀어올랐다가 다시 내려가는 것에 주의를 두면서 10분 정도 호흡 명상을 했다.

4. 호흡하면서 떠오른 생각들을 알아차리려고 노력해 보았다. 5분 정도만 지나도 지루하다는 생각이 올라온다. '얼른 호흡을 마치고 뭐하지?' 하는 생각이 또 들어온다. 생각에 빠져 있다는 것을 알아차린 순간, 다시 호흡으로 돌아오려고 해본다. 만트라가 집중에 도움이 된다고 하니 '지금-여기'라는 만트라를 해보기로 한다. 들이마시는 숨에 '지금'이라고 마음속으로 말을 한다. 내쉬는 숨에 '여기'라고 속으로 말을 한다. 생각이 중간에 떠오르는 방해 현상이 조금 덜해지는 것을 발견한다.

저는 수업을 시작할 때 학생들에게 싱잉볼(싱잉볼에 대한 자세한 설명은 268쪽 참고)을 쳐주면서 천천히 호흡하도록 유도하며 1분 명상을 합니다. 불과 몇 번의 호흡만으로도 마음이 차분해지고 교실 분위기가 달라지는 효과를 보고 있지요. 이때 교사인 저 역시도 마음가짐을 바로잡으며 고요한 상태로 수업에 들어갈 수 있어 더할 나위 없이 좋답니다.

명상을 도와주는 도구로 싱잉볼 대신 '띵샤'나 일반적인 종을 활용해도 됩니다. 실로폰처럼 생긴 '멜로디 차임'을 사용해도 좋습니다.

　다음은 제가 학생들과 함께 싱잉볼 명상을 할 때 사용하는 멘트입니다.

　여러분, 우리가 지금 이 순간으로 마음을 모으기 위해서 잠시 눈을 감고 명상을 해볼 거예요. 수업 종이 울렸지만 아직도 여러분은 쉬는 시간에 친구와 나누었던 대화를 생각하고 있을 수도 있고, 학교 끝나고 가야 하는 학원 숙제를 아직 다 못 마쳐서 혹시 혼나지는 않을까 걱정을 하고 있을 수도 있어요. 몸은 여기에 있지만 마음은 아직 이곳에 있지 않을 수도 있다는 거예요. 수업에 좀 더 집중할 수 있도록 지금 이곳으로 나의 마음을 다시 가져오는 연습을 하는 겁니다.

　자, 이제 눈을 감고 싱잉볼 소리에 귀를 기울여봅시다.

　숨을 천천히 들이마시고, 천천히 내쉽니다. (3회 반복)

　소리의 끝을 한번 따라가보세요. 싱잉볼 소리와 함께 생각이 사라지는 것을 느껴봅니다.

　(그러고 나서 말없이 싱잉볼을 5~7번 정도 쳐줍니다.)

　이제 눈을 떠도 좋습니다.

　마음이 좀 차분해졌나요?

　그럼, 수업을 시작해 봅시다.

내 호흡의 닻 선택하기

●

호흡이 느껴지는 부위를 인식하면서 호흡에 주의를 둘 수 있도록 안내하는 활동입니다. 학생들에게 호흡 명상을 처음 안내할 때 이 활동을 먼저 하면 좋습니다.

손가락 하나를 콧구멍 아래에 살짝 갖다 대어보세요. 그리고 숨이 들어오고 나가는 것을 느껴보세요? 숨이 느껴지나요?

이번에는 손을 심장 부위에 얹어보세요. 숨을 쉴 때마다 가슴이 올라왔다 내려갔다 하는 움직임이 느껴지나요?

이번에는 손을 배에 얹어보세요. 들이쉬고, 내쉬고… 들이쉬고, 내쉬고… 이때 배가 호흡과 함께 부풀어 올랐다가 내려갔다 하는 움직임이 느껴지나요?

이 중에 가장 잘 느껴졌던 부분은 어디인가요? 콧구멍인가요, 가

숨인가요, 배인가요? 한 곳을 정해서 '닻'으로 정해 놓고 선생님이 닻이라고 말할 때 그곳을 떠올리면 됩니다.

이제 닻에 주의를 집중하면서 몇 번 더 호흡해 볼까요?

앞으로 선생님이 "닻으로 돌아가봅시다."라고 하면 여러분은 그 부분을 떠올리고 호흡하도록 합니다.

호흡 명상하기

●

가장 일반적으로 활용할 수 있는 호흡 명상입니다. 수업을 시작할 때나 마무리할 때 모두 좋습니다.

눈을 감고, 손을 무릎 위에 천천히 올려둡니다. 자세를 바로 하고, 나의 호흡을 천천히 바라봅니다.

숨을 천천히 들이마시고, 천천히 내쉽니다. (3회 반복)

내 몸 안으로 들어오는 호흡을 가만히 느껴봅니다. 숨이 천천히 들어오고 다시 천천히 빠져나가면서 나의 몸이 조금씩 이완되는 것을 느껴봅니다. 내쉬는 호흡에 나의 불필요한 에너지들이 조금씩 빠져나간다고 상상해 보세요. 나의 코, 손바닥, 발바닥을 통해서 내쉬는 호흡과 함께 내 몸의 답답한 에너지가 빠져나간다고 생각해 보세요. 부드럽게 이어지는 나의 호흡을 가만히 바라봅니다. 편안하게 왔다 갔다 하는 나의 호흡을 느껴보세요.

　이제 나의 몸이 조금씩 더 편안하게 이완되는 것이 느껴집니다. 해야 하는 일이나 걱정, 생각은 잠시 멈추고, 나의 호흡을 느끼는 것에 집중해 봅니다. 나는 지금 나의 호흡을 가만히 바라보고 있습니다. 호흡을 하면서 좀 더 길게 숨을 쉬려고 하거나 잘하려고 노력하지 않아도 괜찮습니다. 혹은 내 숨이 짧다고 스스로를 비난하지 마세요. 아무 판단 없이 그저 내 안에서 일어나고 있는 호흡을 가만히 바라봅니다. 왔다 갔다 내 안에서 일어나는 자연스러운 흐름들을 그저 느껴보는 겁니다.

　자, 내 호흡이 천천히 들어오고, 천천히 다시 나갑니다. 호흡을 하고 있는 지금, 나에게 어떠한 생각이나 느낌, 감정이 떠오른다면 그 감정이나 생각에서 빠져나와 다시 나의 호흡으로 돌아옵니다. 나는 지금 그저 나의 호흡을 바라보고 있습니다.

　숨을 천천히 들이마시고 내쉽니다. (3회 반복)

　이제 눈을 떠도 좋습니다.

편견 없이
있는 그대로
보기

마음챙김을 하며 본다는 것은 어떤 의미일까요?

마음챙김 보기란 판단 없이 그저 보는 것과 동시에 새롭게 보는 것을 의미합니다. 그런데 그 어떤 것도 과연 아무런 판단 없이 수용하는 마음으로 그저 바라본다는 게 가능할까요?

우리는 무엇을 볼 때 이미 내면의 필터를 가지고 대상을 바라봅니다. 마음챙김으로 보기는 그 필터를 완전히 없애자는 말이 아닙니다. 그보다는 내가 어떤 필터로 대상을 보고 있는지 알아차리는 것에 더 가깝지요. 그리고 마음챙김을 연습할수록 내면의 필터에 영향을 받는 정도는 점차 줄어들게 됩니다. 우리의 인식이 확장되고, 대상을 편견 없이 보며, 더 많은 것들을 여유 있게 받아들일 수 있는 힘이 생깁니다.

교사가 학생들을 볼 때도 마찬가지입니다. 우리는 얼마나 쉽게 학생들을 나만의 잣대로 판단하고 있을까요?

'저 아이는 다소 뚱뚱해 보인다. 좀 게으를 것이고 아마 공부도 못할 거야.'

'저 아이는 태도가 반듯하구나. 모범생이네. 저런 아이라면 뭐든 잘하겠지?'

학기 초에 학생들의 몇몇 행동을 보고 혹시 이렇게 판단한 경험은 없었나요? 고백하건대 저는 종종 그런 오류를 범했던 것 같아요. 학생들을 쉽게 단정 짓지 말자고 다짐하면서도 제가 갖고 있는 경험치로 마치 그 아이를 잘 아는 듯이 말했던 적도 있었습니다.

브로콜리처럼 커다랗게 파마 머리를 하고 다니는 학생이 있었어요. 그 학생의 머리를 처음 보았을 때 들었던 생각은 '참 유별난 아이네. 뭔가 마음에 좀 문제가 있는 걸까?'였어요. 나쁜 아이라고 생각한 것은 아니었지만, 다가가기 힘들고 독특한 세계를 가진 아이로 판단해 버렸지요. 제가 그때 그 머리에 대한 판단 없이 그냥 저런 머리 모양이구나, 하고 받아들일 수 있었다면 어땠을까요? 시간이 흐른 뒤 그 학생과 SNS 친구가 되어 서로 답글을 주고받으며 친밀해진 지금, 저는 그 학생을 '무척 따뜻하고 속 깊은 사람'이라고 생각합니다. 돌이켜보면 제가 처음에 그런 생각을 했던 것이 몹시 미안해지더군요. 그 학생과 좀 더 다정하게 이야기를 해볼 걸 하는 아쉬운 마음도 올라오고요.

만약 우리가 만나는 사람들을 난생처음 본 사람처럼 매일 새롭게 본다면 어떤 일이 일어날까요? 동료들에 대해서도 지나간 과거의 영향을 받지 않고, 나의 추측으로 미래에 대한 섣부른 예언 따위는 내려놓고 그 사람을 볼 수 있다면 얼마나 좋을까요? 우리 자신도 늘 똑같은 모습의 내가 아니며, 생각이 매일 달라지기도 하고, 끊임없이 성장하고 변화하는 존재니까요. 우리가 한 실수나 행동 때문에 다른 사람들이 쉽게 꼬리표를 붙이고 규정해 버린다면 이보다 슬프고 답답한 일도 없을 겁니다.

마음챙김
연습하기

자신에 대한 관찰과 평가

●

자신에 대한 관찰과 평가를 다섯 가지씩 문장으로 써봅니다. 학생들에게 이 과제를 내주면 자신에 대해 어떻게 생각하고 있는지를 알아볼 수 있습니다. 선생님도 함께 해보시길 권합니다. 이 활동은 평소 스스로에게 얼마나 다양한 평가를 내리고 있는지 살펴볼 수 있는 기회가 됩니다. '내가 나를 이렇게 보고 있구나.', '사실과 평가는 이렇게 다른 것이구나.' 하는 것들을 발견할 수 있습니다.

1. _____

2. _____

3. _____

4. _____

5. _____

• 학생들이 작성한 관찰과 평가 사례

1. 나는 키가 167cm이다(관찰). 나는 키가 크다(평가).

2. 나는 지금 노트북을 사용하고 있다(관찰). 나는 능력이 있다
   (평가).

3. 나는 게임을 하루에 약 30분 정도 한다(관찰). 나는 게임을 좋
   아한다(평가).

4. 나는 지금 온라인으로 학교 수업을 듣고 있다(관찰). 나는 현
   명하다(평가).

5. 나는 아이패드가 있다(관찰). 나는 이기적이다(평가).

세 번 보기*

●

일상 속에서 마음챙김 보기를 연습하기 위한 것으로 하나의 사
물을 세 번 보는 활동입니다. 같은 사물을 세 번 보면 앞에서 보이지
않았던 것들을 좀 더 자세히 볼 수 있는 색다른 경험을 할 수 있습
니다. 자신의 판단을 그대로 쓰기보다는 관찰하거나 묘사하는 것이
좋습니다. 만약 어떤 생각이나 판단이 떠오르면 그대로 적되, 그것
은 하나의 생각이며 판단일 뿐이라는 것을 인식하면서 적어봅니다.

---

* TLP 교육디자인 '마음챙김 다이어리'를 참고하였습니다.

1. 첫 번째 보기

물건을 처음 보는 것처럼 호기심 어린 눈으로 바라보고 알아차린 것들을 적어봅니다.

_____

_____

_____

_____

2. 두 번째 보기

선, 무늬, 굴곡, 모양, 색깔 등을 세심하게 살펴보고 나서 알아차린 것들을 적어봅니다.

_____

_____

_____

_____

3. 세 번째 보기

각도나 거리의 변화를 두는 등으로 첫 번째와 두 번째 보기에서 시도하지 않았던 방식으로 살펴봅니다. 새롭게 발견한 것들을 적어봅니다.

_____

_____

_____

_____

• 세 번 보기 연습 사례

1. 첫 번째 보기

딸기 하나에도 색이 다양하구나. 그냥 '빨갛다'고 생각했었는데 부분 부분 색이 다르다. 처음 보는 것처럼 바라보니 이 딸기 자체가 고유하고 개성 있는 한 존재로 보인다.

2. 두 번째 보기

이번에는 좀 더 자세히 들여다본다.

여기는 조금 짓물렀네? 여기는 물방울이 맺혀 있네? 꼭지 부분은 생각보다 단단하구나! 늘 잘라버리던 이파리 부분의 초록과 연둣빛이 어우러져 참 예쁘다는 생각이 든다. 작은 씨들이 표면에 장식처럼 박혀 있는 딸기가 신기하기도 하다. 씨앗이 박힌 부분은 살짝 움푹하게 들어가 있구나. 노란 씨 하나하나가 어쩌면 이리도 귀엽고 앙증맞은지 한참 들여다보게 된다.

3. 세 번째 보기

이번에는 일부러 조금 멀리 두고 바라본다.

처음에 눈에 더 들어오는 부분은 윤기 나고 색이 진한 부분이다. 각도를 달리해서 뒷부분을 보니 살짝 뭉개진 부분이 보인다. 이제 그 부분이 신경 쓰인다. 빨리 먹어야겠다는 생각이 올라온다. 상한 부분을 도려낸 뒤 먹을까 하는 마음도 있다. 동시에 그냥 다 먹으면 안 되나? 하는 마음도 든다. 이런 생각을 하는 나를 또 바라본다.

일상에서의 마음챙김 보기

●

차분하게 바깥 풍경을 바라볼 수 있는 장소를 선택하고, 눈앞에 보이는 모든 것들을 봅니다. 보이는 것들에 어떤 이름을 붙이지 않고, '좋다, 나쁘다' 혹은 '어떻다' 하는 생각이 떠오르면 '내가 지금 판단을 하고 있구나' 하고 알아차립니다. 가능하면 생각으로 빠지지 않고 그저 눈에 보이는 색깔, 모양, 움직임 등에 주의를 집중합니다. 호기심을 가지고 마치 처음 여행을 온 장소인 것처럼 새로운 시선으로 바라보려는 의도를 가지고 봅니다.

주변에 있는 물건 하나를 정한 뒤 관찰한 사실을 다섯 문장 이상 적어보세요.

_____

_____

_____

_____

_____

● 학생이 작성한 사례

- 관찰한 사물이나 물건 : 고무줄
- 관찰 문장 다섯 가지 쓰기

  1. 온통 노란색으로 칠해져 있다.

  2. 반지처럼 둥글게 이어져 있다.

  3. 완벽한 원형이 아닌 조금 구부러져 있다.

  4. 고무줄의 줄은 납작하지 않고 조금 얇다.

  5. 줄은 띠처럼 쭉 뻗어 있다.

마음챙김
먹기

하루 중 먹는 것에 보내는 시간이 결코 적지는 않습니다. 아침에 출근해서 커피를 마시는 것부터 시작해 학교 식당에서 점심 식사를 하고, 오후에는 가끔 간식을 먹기도 하고, 퇴근 후에는 저녁 식사를 합니다. 어떤 날은 저녁을 먹고 나서도 허전한 마음에 과자나 야식을 찾게 되기도 하지요. 그런데 우리는 먹는 것을 얼마나 제대로 음미하며 즐기고 있을까요?

배가 고파 허겁지겁 먹었거나 바쁜 일과 중에 빨리 먹어야 할 때는 음식을 먹고 나서도 음식의 맛이 어땠는지 기억이 잘 나지 않습니다. 누군가와 함께 식사를 할 때는 상대방과의 대화에 주의를 두느라 음식을 충분히 즐기지 못할 때도 많습니다.

마음챙김을 배우고 나서 저의 달라진 일상 중 하나는 가끔 의도적으로 혼밥을 선택하게 된 것입니다. 다른 사람을 신경 쓰지 않고 오롯이 음식을 맛보는 그 순간에 머물면서 오감을 동원하여 먹는 시간을 즐기게 된 것입니다. 특히 학교에서 많이 지친 상태로 퇴근을 하다 보면 집에 와서 또 가족들의 식사를 준비해야 하는 일상이 버겁게 느껴질 때도 있거든요. 그런 날은 저녁 약속이 없는데도 혼자 조용한 식당을 찾아가 먹고 싶은 메뉴를 정성껏 고르고 느긋하게 식사를 합니다. 그 시간은 몸뿐만 아니라 마음에도 에너지를 충전하는 기분이 듭니다.

어느 토요일 아침의 일입니다. 한동안 혼자만의 시간을 갖지 못해서인지 온전하게 나를 돌보고 싶다는 욕구가 가득한 날이었어요. 평소에 좋아했던 근사한 카페에 가서 커피를 한 잔 시켰지요. 그날은 마음을 먹고 오늘은 마음챙김을 하며 마셔봐야지 하는 의도를 가지고 있었습니다. 그래서 커피가 나오자마자 바로 마시지 않고 일단 향을 맡아보았지요. 찻잔을 코끝에 갖다 대고 눈을 감고 오직 후각에만 집중했습니다. 전해져오는 커피 향도 좋지만 이렇게 의식적으로 향기에만 집중하니 정말 풍부하게 향을 느낄 수가 있더군요.

이번에는 커피 잔에 가만히 손을 가져다 대보았습니다. 따뜻한 온기가 전해져오더군요. 약간 따끈한 그 느낌을 만끽했지요. 손가락을 통해 전해진 온기가 제 마음까지 따뜻하게 만들었습니다.

이제 커피 잔의 모양을 눈으로 천천히 바라보면서 관찰을 해보기 시작했죠. '아, 여기는 이런 무늬가 있구나, 손잡이가 이렇게 생겼구나, 커피의 색이 참 오묘하고 아름답구나.' 하고 떠오르는 나의 생각들도 알아차렸어요. 이 순간의 알아차림을 놓치고 싶지 않아 떠오르는 생각들을 간단히 적어보기도 하고요.

이제 드디어 한 모금 마셔봅니다. 평소보다 천천히 한 모금을 입 안에 머금어봅니다. 조금 뜨거운 느낌도 있고, 약간의 신맛과 쓴맛이 느껴지기도 해요. 혀를 굴려서 좀 더 풍부한 맛을 찾아보고, 잠시 후 목구멍으로 넘어가는 순간의 감각들도 알아차려봅니다.

불과 몇 분 걸리지 않았는데 이날의 커피 맛과 그 순간 경험했던 충만함의 기억이 아직도 생생합니다. 그 후로는 커피나 차를 마실 때마다 다시 그렇게 마시고 싶다는 생각이 들어서 종종 시도해 보고 있지요.

한번은 출근길에 아침 식사용으로 반숙 달걀과 삼각김밥 한 개를 샀습니다. 삼각김밥 한 개는 컴퓨터 모니터를 보면서 그냥 먹었더니 아무 맛도 기억나지 않고 별다른 생각이나 느낌도 없었지요. 문득 마음챙김 먹기가 떠올라서 남은 달걀 하나를 마음챙김하면서 먹어보기로 했어요. 그때의 경험을 기록으로 남겨보기도 했습니다.

먼저, 달걀을 바라보며 모양과 색을 살펴보았다. 껍질을 벗길 때부터 일부러 천천히 까려고 노력해 보았다. 껍질이 부서지는 소리,

손에 느껴지는 감촉을 충분히 알아차리면서 호기심을 갖고 그 순간을 즐겼다. 이제 달걀이 그 모습을 드러냈다. 말랑말랑하기도 하고 쫀득쫀득한 느낌도 만끽하고, 살살 돌려보며 움푹 파인 부분과 매끈한 부분도 발견해 보며 눈으로 실컷 탐색부터 한다. 코에 가까이 갖다 대니 살짝 비릿한 달걀의 고유한 냄새가 맡아진다. 한 입씩 조심스럽게 먹어본다. 일부러 천천히 맛을 음미하며, 씹는 속도도 천천히, 느리게.

간이 되어 있어서 그런지 짭조름한 맛이 난다. 노른자를 먹을 때는 내가 좋아하는 그 찐득한 식감이 느껴지고, 고소한 맛도 알아차려진다. 이 순간이 기쁘고 행복하다는 생각을 한다. 이번에는 눈을 감고 먹으며 내 식도를 지나 위 속으로 달걀이 지나가는 모습과 소화되는 이미지를 상상해 보았다. 내 몸에 좋은 영양이 되어달라는 부탁도 해본다.

다 먹고 난 후 그 과정을 글로 적어보며 무척 행복하고 충만한 감정을 느꼈습니다. 오늘 먹은 달걀이 그동안 먹은 달걀과는 조금 다르게 다가오고, 행복한 삶의 장면으로 나의 기억 속에 남아 소중한 추억이 될 것 같다는 마음까지 들더군요.

사실 우리가 무엇인가를 먹을 때 그 욕구는 '음식' 자체가 아닐 때도 있습니다. 정말 허기지고 배가 고파서 배고픔을 해소하기 위해 먹는 것이라기보다는 '왠지 허전해서' 음식을 찾는 순간들도 있지요. 그때의 욕구를 잘 들여다보면 무엇인가에 대한 보상으로 음식을 원하기도 하고, 따뜻함이나 보살핌을 원할 때 찾기도 합니다. 간혹 슬픔을 달래고 싶거나 외로울 때 음식을 찾기도 하지요.

제가 잘 빠지는 구덩이 중 하나는 '늦은 밤에 과자 먹기'였습니다. 저녁을 먹고 난 이후니까 배가 많이 고파서 먹는 것은 아닌데, 가끔 그렇게 과자를 찾는 날이 있더라고요. 저의 경우에는 유독 지치고 힘든 일을 많이 한 날이거나 뭔가 심심하고 허전한 마음이 들어서 즐거운 것으로 나에게 보상하고 싶은 마음이 들 때인 것 같습니다. 이럴 때 무조건 '과자는 몸에 나쁜 거니까 먹지 말아야 해' 하고 나를 자책하는 모드로 가기보다는 마음챙김을 하면서 몇 개만 먹는 것을 선택합니다. 예쁜 접시 위에 좋아하는 과자를 몇 개 올려놓고 색깔도 음미하고 모양도 천천히 살펴본 후에 하나씩 먹으면서 맛을 음미합니다. 입에 들어갈 때 느껴지는 짭짤한 맛을 느끼고, 바삭한 식감과 씹을 때 나는 소리도 만끽하면서요. 천천히 씹으면서 서서히 물렁물렁해지는 것도 느껴봅니다. 이렇게 먹으면 정신없이 한 봉지를 다 먹었을 때보다도 만족감이 더 크더군요. 아직도 허전함이 느껴진다면 내 몸이 무엇을 더 원하는지 물어봅니다. 차를 한 잔 마시면서 마음을 위로할 수도 있고, 내가 지금 좀 심심하고 외롭다는 것을 알아차린다면 좋아하는 영화를 보거나 가족과 대화를 나눌 수도 있는 거지요.

이때 제 마음의 욕구는 무엇이었을까요? 위로, 즐거움, 휴식이라는 단어들이 떠오릅니다. 내가 지금 원하는 것이 무엇인지를 알게 되면 그것을 충족하는 방법은 꼭 음식을 먹는 것으로만 충족할 수 있는 것이 아니기에 다른 방법을 선택할 수 있는 힘이 생깁니다.

학생들에게는 온라인 수업에서 마음챙김 먹기를 과제로 내주고 그 소감을 적어달라고 했더니 다음과 같은 다양한 소감이 올라왔습니다.

- 단맛과 아삭아삭한 맛을 더 느낄 수 있었다.
- 고소한 느낌이 들고 시원한 느낌도 들어서 매우 여유롭고 흥미로운 시간을 보낼 수 있어서 기분이 좋았다.
- 과자 하나하나의 맛을 집중해 보니 과자의 맛을 더 느낄 수 있었다.
- 일상에서 지나쳤던 것들을 한 번 더 되돌아보는 것이 색달랐다.
- 수박을 씹을 때마다 시원한 느낌이 파장처럼 입에서부터 온몸으로 퍼져나가는 느낌이 들었고, 수박을 삼키고 나서는 이 수박이 내 몸에 부족한 수분과 영양분을 채워주는 것 같아서 건강해지는 느낌이 들었다.
- 음식의 맛을 더 잘 음미할 수 있었다.

교실에서는 학생들과 건포도나 초콜릿 같은 간단한 음식을 가지고 해보기를 권합니다. 이때 이 음식이 우리에게 오기까지의 과정을 떠올리면서 명상하는 활동을 통해 감사하는 마음까지 가져보면 좋겠지요. 음식을 먹을 때마다 잠깐씩이라도 지금 이 순간으로 돌아오는 시간이라고 생각해 보세요. 음식을 맛보고 에너지를 얻는 것뿐만 아니라 건강과 행복까지 챙길 수 있는 소중한 기회가 매일 찾아오고 있으니까요.

마음챙김하면서 먹기

●

지금 내 눈앞에 어떤 음식이 있다면 다음과 같은 방법으로 먹어 보세요. 음식을 먹고 난 뒤 그 과정을 자세하게 글로 남겨보는 것도 좋습니다.

1. 음식을 먹기 전에 잠시 호흡하며 마음을 안정시킵니다.
2. 마치 처음 본 사물인 것처럼 호기심을 가지고 바라봅니다.
3. 색깔, 모양 등을 자세히 보며 관찰합니다.
4. 코로 가져가서 냄새를 맡아봅니다.
5. 만약 손으로 만질 수 있는 부분이 있다면, 촉감도 느껴봅니다.
6. 조금씩 입에 넣은 뒤 바로 씹지 말고 혀로 탐색하며 그 맛을 음미해 봅니다.
7. 이제 천천히 씹으면서 입안의 온 감각을 동원하여 느낍니다.

8. 내가 씹은 음식이 소화되는 장면을 천천히 떠올려봅니다.

9. 한 입을 다 먹고 나서 다음 한 입을 먹습니다.

10. 이 과정을 글로도 적어봅니다.

마음챙김
그리기

마음챙김을 위한 그리기 활동으로 대표적인 것은 '젠탱글'입니다. 젠탱글은 2005년 미국에서 시작된 이후, 전 세계적으로 명상과 치유 효과를 인정받아 학교, 기업, 지역복지센터, 병원, 정신건강센터 등에서 활용되고 있는 힐링 아트 프로그램입니다. 저는 젠탱글을 시작한 이후 그 매력에 푹 빠져서 한동안 매일매일 젠탱글을 그렸습니다. 지금도 평생 하고 싶은 취미 중 하나지요.

젠탱글의 철학 중에서 가장 마음에 드는 것은 지우개가 없다는 점입니다. 젠탱글을 하는 과정에서 실수를 하거나 고치고 싶은 경우가 생기더라도 고치려 하지 말고 거기서부터 또 새로운 방법을 찾아가는 것이죠. 사실 우리의 인생도 그렇습니다. 실수를 해도 그 순간으로 다시 돌아갈 수 없고, 결국 그 지점에서 다시 시작할 수밖에 없다는 진리를 젠탱글을 통해 배울 수 있었습니다. 어떻게 그려야 한다는 특별한 기준이 있지 않다는 것도 멋지고요. 그저 선 하나하나에 집중해서 내가 선택한 모티브를 반복해서 그리다 보면 단순한 패턴들이 모여 어느새 아름다운 작품 하나가 완성됩니다. 시간도 그리 오래 걸리지 않고, 펜과 종이만 있으면 언제 어느 곳에서든 쉽게 할 수 있는 활동이라는 점도 좋습니다.

저는 젠탱글을 하면서 몰입할 때 머릿속이 비워짐을 경험합니다. 그리는 과정에서 제가 집중해야 하는 것은 매 순간 오직 선 하나밖에 없지요. 호흡 하나만이 이 순간 존재하듯, 선을 그릴 때는 그 선 하나만 생각합니다. 앞으로 완성될 모습에 대한 기대나 계획은 다 내려놓아야 합니다. 간혹 젠탱글을 하고 나서 오히려 피곤하다는 사람들은 결과에 대한 기대를 갖고 힘과 의지를 내서 너무 '열심히' 그렸기 때문일 겁니다. 선 하나에 호흡 한 번, 선 하나에 '퐁' 하고 사라지는 생각들. 그러다 보면 어느새 시간은 흘러가고 멋진 작품이 완성되어 있음을 경험할 수 있습니다.

그리기 활동은 내 안의 고요함과 몰입감, 성취감, 창조성, 아름다움을 모두 맛볼 수 있는 시간입니다. 젠탱글뿐만 아니라 필사 같은 글씨 쓰기 활동에서도 비슷한 효과를 얻을 수 있습니다. 요즘 유행하는 캘리그라피도 마찬가지고요. 그림을 그리면서 몰입하게 되는 경험을 보면 모든 활동이 명상이 될 수 있음을 알 수 있지요.

잘 그리려는 욕심이 앞서거나 빨리 완성해야지 하는 생각이 앞서면 마음이 급해지고 선이 흐트러집니다. 그저 마음을 비우고 선

하나하나에만 집중하면서 오롯이 그려나갈 때 완성작도 만족스럽게 나오지요. 그러면 그리는 과정에서의 충만감도 다르게 느껴집니다.

저는 하루에 10분 정도 젠탱글 그리는 시간을 마음챙김하는 시간으로 여기며 꾸준히 그려나가고 있습니다. 하루에 작은 탱글 하나를 그리는 것인데 그 짧은 시간에 마음이 참으로 고요해집니다. 주로 하루 일과를 마친 뒤 저녁 식사를 하고 나서 잠시 쉰 다음에 그리는데, 자기 전에 하는 의식처럼 습관이 되어 하루라도 하지 않으면 허전함이 느껴집니다.

젠탱글은 종이와 펜 하나만 있으면 할 수 있어서 카페에서 친구를 기다릴 때나, 학교에서 머릿속이 복잡할 때에도 종종 합니다. 요즘은 누군가에게 카드를 쓸 때에도 젠탱글을 그려넣어 장식을 해보았더니 받는 사람도 정성과 사랑을 느끼며 무척 좋아하더군요. 별다른 기술이나 재주가 없어도 세상에서 하나밖에 없는 내 작품을 선물할 수 있다는 점이 무척 좋습니다.

굳이 젠탱글이 아니어도, 간단한 그림을 그리거나 색칠을 해보는 것도 마음챙김에 도움이 됩니다. 한동안 유행했던 컬러링 북이 그 좋은 예입니다. 마음에 드는 컬러링 북이나 만다라 문양을 앞에 놓고 색연필이나 마커 등 마음에 드는 색칠 도구를 선택해 보세요. 색칠하는 것 자체가 이미 치유 행위입니다. 만다라 문양에 색을 칠하는 활동이 익숙해지면 자신만의 만다라를 그려보는 활동도 좋습니다.

만다라는 산스크리트어로 중심과 본질을 얻는다는 뜻이다. 만다라는 우주의 본질을 시각적으로 표현한 그림으로, 예로부터 복을 가져오는 행운의 그림, 비밀 그림으로 여겨져왔다. 또한 둥글고 완전한 세계, 치유의 원이라고 불리면서 전통적으로 깨달음을 안내하는 명상의 도구로 사용되어왔다.

－ 정연우,《인생이 마법처럼 풀리는 만다라 명상》중에서

제가 만다라에 관심을 가진 건 매우 오래전입니다. 아들이 어렸을 때부터 우리는 집에서 만다라를 색칠하며 놀았고 그때 색칠한 만다라들을 지금도 다 모아놓았지요. 학교에서는 학생들에게 색칠하게 하는 활동도 해보았어요. 학급 담임을 할 때 학생들이 칠한 만다라 그림을 각자 사물함에 붙여놓게 하기도 하고, 친구들과 다툰 아이들을 상담할 때는 마무리 활동으로 만다라 색칠하기를 하면서 마음을 편안하게 해주기도 했습니다. 만다라 문양에 색을 칠하는 것만으로도 마음이 안정되고 다양한 색을 칠하는 동안 명상과 치유 효과를 볼 수 있기 때문입니다.

만다라는 무의식을 안전하게 초대하는 도구라고도 합니다. 그래서 저는 종종 만다라 일기를 써봅니다. 마음 가는 대로 만다라를 그리고 나서 내 마음이 어떤지를 기록해 나가는 겁니다. 이 그림이

나에게 무엇을 말해 주고 있는 것일까? 나는 왜 지금 이런 그림을 그렸을까? 하고 묵상도 해봅니다. 그러면 글로만 일기를 쓸 때보다 좀 더 깊이 나를 만나는 시간이 됩니다.

　학생들에게 만다라 명상을 안내할 때는 두 가지 방법으로 제시합니다. 스스로 만다라를 그려볼 마음이 있는 사람에게는 그냥 비어 있는 원 그림을 줍니다. 혹시 그것이 부담스러운 학생들에게는 문양이 그려진 것을 주어서 마음 편하게 색을 고른 뒤 칠해 보는 활동만 해도 좋다고 안내합니다. 그림을 다 그린 뒤 가만히 그림을 바라보면서 이 만다라(마음 그림)가 나에게 어떤 말을 해주고 있는지 적어보게 하면 다양한 이야기들이 나옵니다.

　만다라를 색칠하는 것만으로도 정서적인 안정이나 치유 효과를 기대할 수 있지만, 이처럼 자신이 완성한 만다라를 통해 느낌과 욕구를 찾아보게 하면 더욱 좋습니다. 오프라인 수업이라면 서로의 그림을 보면서 발표를 해볼 수도 있고, 온라인에서는 패들렛 등을 활용해 서로의 작품을 전시하고 발표하는 시간을 가질 수도 있습니다.

만다라 명상하기

●

다음 페이지의 원에 본인이 원하는 만다라를 그려보세요.
그림이 나에게 어떤 말을 하고 있나요? 그림을 그리는 동안 느
꼈던 감정과 생각은 무엇이었나요?

_____

_____

_____

_____

_____

_____

_____

아래 원에 원하는 만다라를 마음껏 그려보세요.

몸이
나에게
말을 걸다

몸의 감각을 느끼는 것은 일종의 훈련이고 이는 연습을 통해 좀 더 섬세하게 계발할 수 있습니다. 일단 눈을 감고 내 손을 몸에 가만히 대어보는 것부터 시작해 보세요. 나의 머리, 얼굴, 목, 어깨, 가슴, 배 등에 차례로 손을 가져가봅니다. 저는 머리에 손을 가만히 대고 감싸 안으니 머릿속이 차분해지면서 편안해지는 것을 느낍니다. 마치 '좀 쉬어도 될까? 이렇게 감싸주니 위로해 주는 것 같아.'라고 머리가 이야기하는 것 같습니다.

얼마 전에 배와 골반 사이가 며칠 동안 쿡쿡 쑤신 적이 있었습니다. 통증이 느껴질 때마다 '내 몸에 무슨 이상이 생긴 건가?' 싶어 불안했죠. 통증이 느껴질 때마다 손을 가만히 그곳에 가져다 대고는 눈을 감고 호흡을 해보았습니다. '너는 지금 무슨 말이 하고 싶은 거니? 몸을 좀 돌보라고 알려주고 싶어?'라고 속으로 질문도 해보고요. 혹시나 해서 병원에 갔는데 다행히 별다른 이상 진단은 나오지 않았습니다. 의사 선생님 말씀이 자궁에 물혹이 두 개 정도 있는데 아직 크기가 작으니 걱정할 일은 아니고 6개월에 한 번씩 크기만 체크해 보라고 하시더군요. 통증 덕분에 병원에 가기 싫어하는 제가 검사를 받게 되었고 물혹을 발견하고 관리하게 되었으니 그 통증은 나에게 결국 도움이 된 신호였구나 싶었습니다. 그 후로는 안심이 되어서 그랬는지 그 부위가 아프다는 느낌은 사라졌고 지금은 아예 통증이 느껴지지 않습니다.

내 몸이 나에게 말을 한다면 지금 무슨 말을 하고 있을까요? 몸의 소리를 듣는다고 생각하고 귀를 기울여보세요. 분명 몸의 각 기관들이 나에게 보내는 신호가 있을 겁니다. 특히 어딘가에 통증이 있다면 더더욱 대화를 나눠야 할 타이밍인 거죠. 나의 몸을 천천히 탐색해 보고 그 느낌을 그림으로 표현해 보는 활동도 좋습니다. 사람 모양의 실루엣만 그려놓고 그 안에 느낌을 표현해 보세요.

저는 지금 이 순간 제 몸이 어떤지 살펴보면서 다음과 같이 적어보았습니다.

약간 나른하고 피곤하다. 이마의 앞쪽이 지끈거리고 계속 앉아 있는 엉덩이가 좀 답답하다. 발바닥에 욱신욱신하는 감각도 느껴진다. 그것을 알아차리자 좀 더 강해지는 느낌이 든다. 종아리 뒤쪽에 저리는 느낌이 있다. 허벅지는 단단하게 뭉쳐 있다. 자꾸 하품이 나온다. 눈

꺼풀이 내려오고 몸에 기운이 별로 없다. 가슴에 손을 얹고 심장 박동 소리를 들어본다. 어깨와 등을 만져보니 딱딱하다. 등 아래쪽이 뻐근하면서 약간의 통증이 느껴진다. 척추를 의식하면서 몸을 똑바로 세워본다.

마음챙김 하면 떠오르는 대표적인 명상 중 하나가 '바디스캔'입니다. 내 몸을 마치 스캐너에 넣고 스캔한다고 상상해 보세요. 머리부터 발끝까지 하나하나 감각을 느끼면서 주의를 옮겨가봅니다. 바디스캔의 목적은 내 몸의 감각을 있는 그대로 판단 없이 알아차리는 데 있습니다. 이 명상은 앉아서 할 수도 있지만, 누워서 하는 것이 더 일반적입니다. 매일 바디스캔을 연습하면 내 몸을 좀 더 민감하게 알아차리고 섬세하게 감각을 느낄 수 있는 능력이 향상되기에 몸과 친해지는 매우 강력한 방법입니다.

바디스캔은 휴식과 이완의 효과도 매우 뛰어납니다. 우리 몸은 항상 긴장된 상태로 지내는 시간이 많은데, 막상 편히 쉬어야지 하면서도 TV를 보거나 누워서 핸드폰을 하면서 시간을 보내고 있지 않으신가요? 저에게도 종종 그런 순간들이 찾아옵니다. 그것은 사실 쉬는 것이 아니지요. 그럴 때 바디스캔을 하면서 이완과 휴식을 내 몸에 선물해 보세요.

너무 피곤할 때 이 명상을 하면 잠들어버릴 수도 있습니다. 그럴 때는 그런 나의 모습도 그대로 수용해 주세요. 명상이 잘 되었던 날의 기억에 기준을 두고 무조건 나를 맞추려고 하는 것은 마음챙김이 아닙니다. 그냥 매번 새로운 경험으로 받아들이세요. 만약 잠들어버렸다면 '내가 오늘 많이 피곤했구나, 내 몸이 휴식을 원하고 있구나.' 하고 알아차리고 수용해 주세요. 바디스캔의 본래 목적은 내 몸 전체를 구석구석 있는 그대로 알아차리는 것이라는 것을 잊지 말고 매일 꾸준히 해보기를 권합니다.

처음에는 명상 앱을 활용하거나 유튜브에 '바디스캔 명상'으로 검색해서 나오는 영상의 멘트를 들으면서 해볼 수도 있습니다. 아침에 일어나자마자 바로 몸을 일으키지 않고 바디스캔을 할 수도 있지요. 평일 아침이 어렵다면 조금 여유가 있는 주말 아침에 시도해 보세요.

바디스캔 명상하기

●

바디스캔은 원래 누워서 하는 명상이지만 여기에서는 학교에서 선생님 혼자 하거나 학생들과 함께할 수 있도록 앉아서 하는 바디스캔 멘트를 소개합니다. 누워서 할 때도 방법이 크게 다르지는 않습니다.

편안하게 눈을 감고, 손을 무릎 위에 천천히 올려둡니다. 자세를 바로 하고, 나의 호흡을 천천히 바라봅니다. 숨을 천천히 들이마시고, 천천히 내쉽니다. (3회 반복) 내 몸 안으로 들어오는 호흡을 가만히 느껴봅니다. 숨이 천천히 들어오고 다시 천천히 빠져나가면서 나의 몸이 이완되는 것을 느껴봅니다.

이제 양쪽 발을 느껴봅니다. 어떤 느낌이 드는지 알아차려보세요.

발바닥이 바닥에 닿는 감각을 느껴봅니다. 발가락 하나하나의 감각, 발가락이 신발에 맞닿아 있는 감각을 있는 그대로 느껴봅니다. 이제 발꿈치의 감각을 느껴보고(잠시 멈춤), 발등의 느낌(잠시 멈춤), 그리고 발목에서는 어떤 느낌이 드는지 알아차립니다. 아주 작은 느낌까지도 모두 알아차립니다.

이제 나의 두 다리를 느껴봅니다. 종아리의 느낌을 느껴보고(잠시 멈춤), 허벅지 아랫부분이 의자에 닿아 있는 느낌을 알아차려 봅니다. 만약 손이 허벅지 위쪽에 닿아 있다면 손이 닿아서 느껴지는 무게와 온도를 알아차립니다. 무릎이 접혀 있는 부분의 감각도 느껴봅니다.

이제 배를 한번 느껴볼까요? 부드럽게 천천히 들이마시고 내쉬는 숨과 함께 움직이는 배를 느껴보세요. 그 자연스러운 움직임을 느껴봅니다. 지금 내 배가 딱딱한지 부드러운지, 따뜻한지 차가운지도 느껴보세요. 내 배가 옷에 닿는 느낌도 알아차려봅니다. 만약 나의 주의가 내 몸의 다른 부위로 가 있다면, 내 주의가 다른 곳에 가 있음을 알아차리고 다시 부드럽게 나의 주의를 내 배로 옮겨봅니다. 배가 오르락내리락하면서 호흡이 들어오고 나가는 것을 있는 그대로 알아차립니다.

선생님의 마음챙김

이제는 가슴으로 주의를 옮겨봅니다. 숨을 편안하게 들이마시고 내쉬고 있는지 느껴봅니다. 가슴의 답답함이 느껴진다면 숨을 천천히 들이마시고 내쉬면서 편안하게 숨을 쉬어보세요. 조금 더 깊고 천천히 숨을 들이마시고 내쉬어보세요. 가슴이 한결 편안해집니다.

이제 얼굴을 느껴봅니다. 얼굴의 근육이 경직되어 있지는 않은지, 인상을 쓰고 있지는 않은지 느껴봅니다. 내가 얼굴에 힘을 주고 있다면 천천히 그 힘을 풀어줍니다. 나의 얼굴에 살짝 미소를 지어봅니다. 어떤 느낌에 대해서도 평가하거나 판단하지 않습니다. 그저 주의를 그곳에 두고 알아차립니다.

이제 머리를 느껴봅니다. 머리가 무겁지는 않은지, 지끈거리지는 않는지 느껴봅니다. 여러 가지 생각이 복잡하게 일어나고 있다면 잠시 그 생각에서 빠져나와봅니다. 걱정거리나 해야 할 일들에 대한 생각을 잠시 내려놓고 숨을 천천히 들이마시고 천천히 내쉽니다. 다시 한 번 천천히 들이마시고 천천히 내쉽니다. 나의 머리가 조금씩 시원해지고 편안해지기 시작합니다.

내 몸 전체의 감각을 있는 그대로 느껴보세요. 이제 몸 전체로 숨을 들이마시고 몸 전체로 숨을 내쉽니다.
이제 눈을 떠도 좋습니다.

나 자신의
내면과
접속하기

많은 사람들이 행복의 조건으로 '현존하기'라는 말을 합니다. 현존한다는 게 과연 무슨 의미일까요? '지금-여기'를 살라고 하는데, '그럼 내가 지금 여기를 살고 있지 어디서 산다는 말이야?'라는 의문을 가질 수도 있습니다. 그러나 가만히 생각해 보면 '지금 나는 과연 여기에 있는가?'라는 질문에 바로 '그렇다'라고 대답할 수 있을까요? 몸은 교무실 책상에 앉아 있지만 머릿속으로는 어제 누군가와 다퉜던 생각을 하고 있을 수도 있고, 오후에 처리해야 할 일들을 계획하고 있을 수도 있지요. 어쩌면 하루의 대부분을 우리는 이런 생각 속에서 보내고 있습니다. 몸은 가만히 앉아 있지만 생각은 지구의 몇 바퀴를 돌고도 남을 만큼 시공간을 초월해서 나타나고 사라지기를 반복합니다.

우리에게 지금 이 순간을 충분히 만끽하면서 존재했던 시간은 과연 얼마나 될까요? 고백하건대 저에게는 그런 시간이 별로 없었습니다. 머릿속은 늘 생각으로 가득했고, 마음도 분주했지요. 마음챙김을 배우고 수련한다고 하는 요즘에도 사실 제가 현존하는 시간은 그리 길다고 생각되지 않습니다. 그러나 가끔, 정말 짜릿할 정도로 그런 것들을 느끼는 순간이 있는데, 그게 바로 몸의 감각으로 돌아온 순간이에요.

갑작스러운 온라인 개학으로 머리가 지끈거릴 정도로 부담감이 밀려와 녹초가 되고 완전히 지쳐버린 어느 날이었어요. 연구부장을 맡고 있다 보니 온라인 수업 담당자가 되어 갑자기 해야 할 일들이 산더미처럼 느껴지고, 내가 잘 알지도 못하는 온라인 수업을 학교 전체에 알리고 시스템을 구축해야 한다는 부담감에 압도되어 있을 때였지요. 이러다가는 머리가 터져버릴 것 같다는 생각을 하면서 몸의 감각으로 돌아가야겠다는 의도를 가지고 샤워를 하기 시작했어요. 물이 몸에 닿는 감촉을 느끼면서 어느새 몸으로 주의가 이동했고, 머릿속을 꽉 채웠던 생각이 잠시 사라지는 경험을 했지요.

머리가 복잡하고 마음놓침의 구덩이에 빠질 때 마음챙김의 상태로 돌아올 수 있는 가장 빠르고 효과적인 방법은 바로 '내 몸의 감각으로 돌아오기' 기법입니다.

한번은 저녁을 먹고 나서 청포도를 씻는 중이었죠. 빨리 씻어놓고 무슨 책을 읽을까 하는 생각 때문에 그 일을 그저 빨리 해치워야 하는 것으로 여기고 무감각하게 과일을 씻고 있는 내 모습이 알아차려졌어요. 내가 또 생각에 빠져 있구나, 내 마음이 지금 조급하구나 하고 알아차린 것이지요. 이제부터라도 마음챙김을 하며 씻어보자고 생각하고는 모드를 전환해 보았죠. 그때부터는 물이 내 손에 닿는 느낌, 청포도 알을 하나씩 따면서 느껴지는 무게감, 손에 닿는 청포도의 질감, 껍질의 탄력 등을 알아차리면서 씻어보았습니다. 그 과정 하나하나가 어찌나 새롭던지요! 청포도 알을 따낸 뒤 가지 끝의 모양을 들여다본 건 그때가 난생처음이었던 것 같습니다. 그 순간이 마치 선물처럼 즐겁고 충만해서 지금도 그때를 떠올리면 행복한 감정이 듭니다.

바로 이런 경험들이 저에게는 몸의 감각으로 돌아오기가 잘 되었던 순간이었습니다. 그런 경험을 하나씩 차곡차곡 쌓아나갔더니 조금씩 그런 순간에 접속하는 횟수가 늘어남을 알게 되었죠.

마음챙김
연습하기

5 - 4 - 3 - 2 - 1 멈춤[*]

●

일상 속에서 쉽고 간단하게 할 수 있는 활동입니다. 하던 일을 잠시 멈추고 내 주변을 둘러보면서 알아차려보고 그것을 적어봅니다.

See : 무엇이 보이나요?(5가지)

_____

_____

_____

_____

_____

---

* TLP 교육디자인 '마음챙김 다이어리'를 참고하였습니다.

Feel : 무엇이 느껴지나요?(4가지)

_____

_____

_____

_____

Hear : 어떤 소리가 들리나요?(3가지)

_____

_____

_____

Smell : 어떤 냄새가 나나요?(2가지)

_____

_____

Taste : 어떤 맛이 느껴지나요?(1가지)

_____

예를 들면 다음과 같이 해볼 수 있습니다.

- See : 노트북, 머그컵, 책꽂이, 열려 있는 방문, 핸드폰
- Feel : 나른한, 지루한, 심심한, 약간 답답한
- Hear : 아들이 게임을 하면서 말하는 소리, 냉장고 돌아가는 소리, 남편이 걸어다니는 발소리
- Smell : 레몬향, 유자향
- Taste : 새콤달콤한 맛

내 몸 안에 머무는 연습

●

눈을 감고 다음과 같이 연습해 보세요. 한번 이 감각을 찾게 되면, 이후에는 좀 더 자주 그것을 느끼고 싶어집니다. 내가 살아 있음을 느끼고 싶을 때, 고요해지고 싶을 때, 나의 내면의 존재와 연결하고 싶을 때 이 방법을 떠올려보세요. 아무런 도구나 준비가 없어도 바로 나 자신과 접속할 수 있답니다.

가만히 내 몸속의 감각을 느껴봅시다. 그리고 잠깐만 그대로 머물러보세요. 그렇게 내 몸에 주의를 기울여봅니다. 분명 무엇인가 꿈틀거리는 에너지가 느껴질 겁니다. 무언가 움직이고 있다거나 어떤

빛이 보이는 듯한 느낌이 들 수도 있습니다. 그렇게 집중하다 보면 내 안의 깊은 존재와 연결되는 느낌이 듭니다.

　다시 한번 눈을 감아보세요.

　이번에는 무엇이 느껴지나요? 심장이 뛰는 것이 느껴지나요? 몸 안에 흐르고 있는 생명의 에너지가 느껴지나요? 가만히 눈을 감고 지금 그 느낌에 머물러봅니다. 그 느낌에 대해 어떤 생각도 하지 말고, 그냥 느껴봅니다.

일상 속에서
마음챙김하기

우리가 살아가는 모든 순간을 마음챙김하면서 살 수 있다면 얼마나 좋을까요? 하지만 우리의 일상은 그렇지 못한 경우가 더 많습니다. 명상 자세를 취하고 가만히 눈을 감는 시간을 낸다는 것이 결코 쉬운 일은 아닙니다. 그렇다면 생활 속에서 마음챙김을 할 수 있는 순간을 좀 더 가져보는 건 어떨까요?

저는 집에서 주부라는 역할이 있다 보니 주말에 하고 싶었던 작업이나 읽고 싶었던 책이 있는 경우에는 식사를 준비하고 정리하는 시간마저 아깝게 느껴질 때가 있어요. 최소한의 집안일만 해도 2시간 정도가 금세 지나가지요. 그러다 보면 마음이 급해지고 슬슬 조바심과 억울함이 올라오기도 해요. 설거지가 저에게는 귀찮고 하기 싫은 노동으로 인식되어버렸고, 설거지를 할 때면 얼른 해치우고 싶다는 생각과 함께 그 순간에 머물지 못하고 머릿속으로는 다음 할 일을 생각하고 있는 경우가 많았답니다. 그래서 하루는 그것을 의도적으로 알아차리고 새롭게 설거지를 해보기로 마음먹었어요.

먼저 수세미에 세제를 묻히면서 그 촉감을 알아차려보았습니다. 약간 미끈거리는 그릇들부터 하나씩 세제가 묻어 있는 수세미로 닦아줍니다. 지금 내 손에 닿는 그릇의 단단함, 눈에 보이는 그릇의 모양과 무늬들, 그릇을 움직일 때 나는 소리를 하나하나 알아차립니다. 내가 지금 하고 있는 이 행위가 얼마나 중요한 일인지도 떠올려봅니다. 나와 가족들이 매일 사용하는 그릇을 깨끗하게 닦아두는 것이 나에게도 중요한 일임을 떠올리자 지금 이 순간 하고 있는 행위가 좀 더 의미 있게 다가옵니다.

설거지를 하고 있는 나를 가만히 들여다보기도 합니다. 관찰자의 눈으로 나를 보니 설거지를 하면서 금세 또 다른 생각에 빠지는 모습이 알아차려집니다. 설거지를 하면서 학교 일에 관한 생각을 한참 하고 있었다는 것을 자각하고, 다시 주의를 감각으로 돌려봅니다. 10분 남짓한 설거지 시간이지만 이 시간을 마음챙김을 훈련하는 시간으로 삼을 수 있겠다고 생각하자 설거지하는 시간이 기다려지기까지 합니다.

저는 일상 속 순간들을 사진에 담으며 마음챙김을 하기도 합니다. 사진의 구도나 작품으로서의 완성도를 생각하기보다는 흘러가는 그 순간을 포착하는 목적이 큽니다. 그 순간을 새롭게 바라보고 저의 알아차림을 기록해 두기 위한 마음챙김의 수단으로 사진을 찍는 것이지요.

정말 아름다운 풍경을 보거나 행복한 순간이 있을 때 그 순간과 우리는 하나가 됩니다. 일체감을 맛보는 순간이죠. 그 순간에 계속 머물고 싶지만 그럴 수 없다는 것을 알기에 저는 사진을 찍으면서 그 순간의 제 마음을 함께 기록해 두려고 합니다. 그러면서 저만의 시선을 찾아가게 되죠.

아름다운 것을 보거나 아름다운 경험을 하게 되면 무조건 셔터를 눌러대기보다는 그 순간을 먼저 음미해 보려고 합니다. 잠시 호흡하며 머물러보는 것도 좋겠죠. 호기심을 가지고 내 눈앞에 펼쳐진 장면을 바라보면서 나만의 느낌을 담아 카메라 셔터를 눌러봅니다.

하루는 아침에 출근하면서 사진을 한 장 찍었습니다. 교문을 들어서면서 만난 장미와 벤치의 뒷모습을 찍어보았죠. 늘 제가 앉아서 명상을 하던 벤치였는데 평소에는 벤치에 앉아서 앞에 보이는 풍경만 찍다가 그날은 벤치를 주인공으로 생각하고 벤치의 뒷모습을 찍어보았습니다. 찍는 내가 주인공이 아닌, 찍히는 대상을 주인공으로 다른 각도에서 바라보니 무척 새로운 경험이었습니다.

선생님은 주로 어떤 순간에 사진을 찍고 싶나요? 지금 선생님의 핸드폰 사진첩에는 무엇이 담겨 있나요? 학생들과의 수업 사진인가요? 가족들 사진인가요? 아니면 음식 사진이나 꽃 사진일까요? 그 사진들을 한 장씩 넘기다 보면 선생님이 무엇을 중요하게 생각하고 있는지 발견하게 되실 겁니다.

학교 안에 꽃들이 하나둘씩 피어나기 시작하고 따뜻한 봄기운이 완연하던 어느 날, 동아리 학생들에게 미션을 준 적이 있습니다. 15분 동안 교정을 거닐면서 봄을 느낄 수 있는 사진을 한 장씩 찍어오라고 말이죠. 그 미션을 주고 저 역시 학교 안을 거닐면서 구석구석 숨어 있는 꽃과 나무들을 하나하나 음미했던 기억이 있습니다. 지금 그 사진을 보면 그날의 기억들이 고스란히 살아납니다. 학생들이 찍어온 사진을 한 장씩 보면서 왜 이 사진을 찍었는지 이야기도 나누며 즐거운 시간을 가졌지요.

똑같은 풍경이라도 사진은 찍는 사람의 시선에 따라 포착되는 장면이 다르게 나타납니다. 잘 찍고 못 찍고를 따지지 않고 일상 속 순간들을 마음챙김 연습한다 생각하면서 자주 찍다 보면 어느새 보이지 않았던 것들이 보입니다. 또한 사진의 구도나 색감을 통해 내가 선호하는 것들이 무엇인지도 알아차리게 되지요.

마음챙김 사진 찍기

●

마음챙김 보기를 할 때처럼 주변의 사물이나 풍경, 혹은 사람들을 호기심을 가지고 바라보면서 머물러보세요. 지금 내가 보고 있는 대상과 내가 함께 존재하고 있는 느낌을 담는다는 마음가짐으로 사진을 찍어봅니다. 그리고 사진에 찍히는 대상이 주인공이 된다는 마음으로 마음챙김 사진 찍기를 해봅니다. 그렇게 사진을 찍고 난 뒤 평소에 그냥 사진을 찍었을 때와 어떻게 다른지 느낌을 적어보세요.

_____

_____

_____

_____

마음챙김
습관 만들기

마음챙김을 수련하는 방법은 크게 두 가지입니다.

우선 매일 잠깐씩이라도 명상하는 시간을 내는 것입니다. 자리에 앉아 하루에 5분이라도 눈을 감고 고요하게 앉아 있는 것부터가 시작이지요. 그러면서 시간을 조금씩 늘려봅니다.

처음 시작할 때는 명상 앱을 사용하는 것도 도움이 됩니다. 대부분 유료 앱이지만 한 달에 커피 한 잔 정도의 비용이니 하나쯤은 사용해 보는 것도 추천합니다. 앱을 사용하면 명상을 했던 기록이 자연스럽게 누적되고, 스스로 명상 일지를 적어볼 수도 있습니다. 하루에 많이 하는 것보다는 매일 잠깐씩이라도 꾸준히 하는 것이 중요합니다.

함께 수련할 친구를 만드는 것도 좋습니다. 명상을 함께할 선생님들과 채팅방을 만든 후에 각자 그날 마음챙김한 기록을 남겨 인증해 보세요. 잊고 있다가도 다른 선생님들이 올려주시는 인증샷에 서로 자극을 받고 기억이 상기되어 좀 더 열심히 실천할 수 있는 동력이 되어줍니다.

명상을 하는 나만의 장소도 정해 보세요. 집에서 명상 방석이나 요가 매트 등을 활용해서 한구석에 명상하는 코너를 마련해 보는 겁니다. 예쁜 초나 꽃 등으로 주변을 꾸미면 더욱 좋겠지요?

학교 안에서도 나만의 명상 장소를 하나 정해 두세요. 저는 교정에 벤치 하나를 정해 두었습니다. 수업이 없는 시간에 잠시라도 짬을 내서 그곳으로 가죠. 혼자 잔디밭을 바라보며 핸드폰에 저장된 명상 파일을 들으면서 눈을 감고 잠시 멈추는 시간을 갖고 나면, 남은 하루 일과를 대하는 마음가짐이 달라지는 것을 매번 경험합니다.

마음챙김을 할 수 있는 또 한 가지 방법은 일상생활 속에서 알아차림을 생활화하는 것입니다. 하루를 살다 보면 생각보다 정기적으로 명상 시간을 내는 것이 쉽지 않습니다. 저 역시도 처음에는 명상을 하기 위해 계획표도 짜보고 알람도 맞춰놓고 해보았지만 지금 제일 도움이 되는 것은 역시 일상 속에서 언제 어디서라도 마음챙김을 시도해 보는 겁니다.

예를 들어, 설거지를 하면서도 마음챙김을 할 수 있습니다. 저는 가사 노동이 개인적으로 무척 힘든 시간입니다. 하고 싶은 일도 많고 관심 분야도 많다 보니 퇴근해서도 읽고 싶은 책, 참여하고 싶은 공부 모임 등이 많습니다. 그래서 전에는 설거지를 하는 시간을 무척 싫어했지요. 저에게 설거지란 얼른 해치워야 할 소모적인 일이었으니까요. 그런데 어느 순간 설거지를 하면서도 마음챙김을 할 수 있다는 것을 깨달았습니다. 그러고 나니 늘 지겹게 느껴졌던 설거지 시간이 명상 시간으로 바뀌었습니다. 심지어 머리가 복잡할 때면 '설거지나 할까?' 하는 마음으로 즐겁게 주방으로 걸어가는 저를 발견하곤 합니다.

하루를 마무리하며 샤워를 하는 시간도 마음챙김을 하기에 좋은 시간입니다. 샤워를 할 때 내일 할 일을 계획한다거나, 방금 전까지 보았던 유튜브 영상을 떠올린다거나, 오늘 낮에 있었던 속상했던 일을 생각하지는 않나요? 저도 그런 편이었습니다. 그런데 요즘은 물을 틀 때부터 손에 물이 닿는 감각을 알아차리려고 합니다. 물의 온도도 느껴보고요. 처음에는 차가운 물부터 나오다가 서서히 온도가 올라가면서 따뜻한 물로 바뀌는 것도 감지해 봅니다. 몸에 물이 닿는 감촉, 바디워시를 스펀지에 묻혀 몸을 닦을 때 느껴지는 감촉, 거품이 내 몸을 감싸고 있는 감촉 등을 하나하나 알아차려봅니다. 그러다 보면 순간 머리가 맑아지는 것이 느껴집니다. 그 순간이 무척 행복하지요. 몸으로 돌아오는 것만큼 현존하는 데 좋은 퀵버튼은 없는 것 같습니다.

어느 봄날의 기억이에요. 출근하면 잠시 호흡을 다듬고 마음챙김을 하자는 다짐을 또 잊은 채 자리에 앉자마자 컴퓨터를 켜는 내 모습을 발견했습니다. 마침 그날은 '여유'라는 욕구 명상을 해보기로 의도를 세웠던 날이었기에 텀블러에 커피를 담아 학교 안을 잠시 걸었어요. 꽃도 예쁘지만 이때만 볼 수 있는 연둣빛과 초록빛의 중간 단계인 이파리들을 만나면서 오늘 하루 살아갈 힘을 충전받는 듯한 기분이 들더군요. 10분의 산책이 이렇게 사람을 충만하게 해주다니, 하는 생각이 들었습니다. 그날 입은 치마와 초록색 식물들을 한 프레임에 넣고 사진을 찍었는데 치마인지 식물인지 헷갈릴 정도로 잘 어울려서 기분이 또 좋아졌지요. 이날 제가 빠진 구덩이는 '뭐든 성실하게 열심히 해야 돼'라는 구덩이였고, 이때 다시 지금 여기로 돌아올 수 있었던 퀵버튼은 산책이었답니다.

어느 날인가는 퇴근 후 열심히 차린 밥상인데 식사를 하는 내내 만족스럽지 않고 짜증이 났어요. 식사 준비를 하던 중간에 전화가 와서 통화를 하면서 한 손으로 요리를 한 것도 그렇고, 피곤을 무릅쓰고 힘들게 식사를 차렸지만 음식 불평을 하는 가족의 말에도 자극을 받았지요.

여러 가지 일을 동시에 해내는 '다기능 수행자' 모드일 때는 확실히 마음챙김이 잘 되지 않았습니다. 완벽하진 않아도 웬만큼은 해내고 싶은 마음, 이것이 멀티플레이어가 되기를 요구하는 사회에서 제가 주로 빠지는 구덩이인 듯싶습니다. 이때의 퀵버튼은 '쓰기'였습니다. 밥을 먹고 나서 SNS에 글쓰기를 하다 보니 마음챙김이 되기 시작하더군요. 내가 마음놓침을 하는 순간을 알아차리고 그것을 구덩이라 명명하는 것, 그것이 마음챙김으로 가는 데 큰 도움이 되었습니다.

이렇듯 먹을 때, 걸을 때, 심지어 일을 할 때도 우리는 순간순간 마음챙김을 할 수 있습니다. 이렇게 되면 하루에 몇 분을 가만히 앉아 있었느냐에 크게 연연하지 않게 됩니다. 물론 매일 규칙적인 수련을 하는 것이 중요하지 않다는 의미는 아닙니다. 다만 우리가 현실적으로 택할 수 있는 방법은 무궁무진하며 그 기회는 하루 종일 주어집니다. 그 방법을 선생님들도 하나씩 생활 속에서 발견해 보세요. 그리고 그 비법을 학생들과 주변 동료들에게 나누어주세요.

마음챙김이 있는 하루 만들기

●

마음챙김을 하면서 지내는 하루의 이야기를 정리해 본 것입니다.* 아래의 방법을 전부 따라할 수는 없겠지만, 잠시라도 마음챙김을 하면서 하루를 지내보는 건 어떨까요?

오전 6시. 알람이 울립니다. 딱 10분만 더 일찍 일어나서 5분에서 10분 정도 마음챙김 호흡을 해봅니다. 정말 시간이 없다면 머리를 감거나 양치질을 하면서라도 몸의 감각에 의식을 집중해 봅니다.

오전 6시 반. 출근 준비를 하면서 커피나 차, 음식을 먹을 시간이 있다면 두세 모금 정도는 온도, 맛, 크기, 향을 느껴봅니다. 단 몇 초

---

* 루비왁스, 《너덜너덜 기진맥진 지친 당신을 위한 마음챙김 안내서》(책세상)를 참고하였습니다.

만으로도 뇌에 영향을 미칠 수 있다는 것을 기억하세요.

　오전 7시. 운전을 한다면 마음챙김은 잠시 잊고 운전에 집중합니다. 버스나 지하철을 이용한다면 마음챙김 연습을 하기에 좋은 기회입니다. 바닥을 딛고 선 발을 느껴봅니다. 몸이 좌석에 닿은 부분을 느껴보세요. 들려오는 소리에 귀를 기울입니다. 의식은 호흡에 집중합니다. 어떤 생각이 떠오른다면 그 생각을 하고 있는 나 자신을 가만히 지켜봅니다. 차가 막혀 지각이 걱정된다면 그 생각 또한 알아차려봅니다.

　오전 일과를 하며 머릿속이 복잡해진다면 3분 혹은 1분이라도 잠깐 동안 마음챙김을 해봅니다. 교무실 책상이든, 교사 휴게실이든, 혹은 운동장 벤치에서라도 잠시 시도해 봅니다. 그 시간만이라도 잠시 노트북을 닫고, 휴대폰을 놓아둡니다. 그렇게 잠시 마음챙김을 하면 훨씬 맑고 창조적인 에너지가 충전됩니다.

　점심시간에는 음식을 단 몇 초라도 음미해 봅니다. 입과 혀로 의식을 집중시켜봅니다.

　오후 4시. 일과를 마감할 시간이 다가오니 몸이 피곤해지는 시간이기도 합니다. 퇴근 전에 잠시 마음챙김을 하면서 쉬었다가 퇴근을 합니다. 학교에서의 기억 찌꺼기를 집으로 가져가지 않도록 합니다. 1분 정도 주변 소음에 귀를 기울여 감각을 되살리고 머리를 비워봅니다.

잠자리에 들기 전, 침대에 누워 호흡법을 연습할 수 있으면 더 빨리 잠들 수 있습니다. 누운 상태로 바디스캔을 하면서 몸이 이완되는 것을 느껴봅니다. 명상 앱을 활용해도 좋습니다. 처음에는 잠시 누워 잡념을 허락하세요. 곱씹고, 걱정하고, 계획하고, 괴로워하고, 날뛰게 잠시 놓아둡니다. 몇 분 후에 의식의 초점을 호흡으로 가져오고 마지막으로 발끝에서 머리끝까지 몸에 숨을 불어넣어봅니다.

마음챙김 주간 수련 일지

●

날짜	시간 (분)	내용 (호흡, 걷기, 먹기, 바디스캔 등)	하고 난 후 느낌	오늘 하루를 지내면서 새롭게 알아차린 것

행복한 교사로 살기 위한
마음의 균형 잡기

Part 3
—
마음챙김으로
대화하기

Mindfulness for Teachers

알아차림의
언어,
비폭력대화

'비폭력대화'는 영어인 'NVC(Non-violent Communication)'를 번역한 말로 간디의 아힘사 정신에 바탕을 두고 있습니다. 미국의 심리학자이자 갈등 중재자인 마셜 로젠버그(Marshall B. Rosenburg)가 만들었고, 우리 마음의 본성인 '연민'으로 서로 연결되는 것을 가장 중요하게 여기기에 '연민의 대화'라고 부르기도 합니다.

비폭력대화(이하 'NVC'로도 표기함)를 배우면서 저는 마음챙김의 필요성을 깨달았고 관심을 갖게 되었습니다. NVC는 관찰, 느낌, 욕구, 부탁의 4가지 요소로 이루어져 있는데, 이를 잘하기 위해서는 마음챙김이 전제가 되어야 한다는 것을 알게 되었죠. 그리고 NVC야말로 마음챙김의 언어라는 생각이 들었습니다.

오렌 제이 소퍼(Oren Jay Sofer)는 《마음챙김과 비폭력대화》에서 효과적인 대화를 위해 세 가지 요소를 강조합니다. 바로 대화에서의 실제감, 호기심과 배려의 의도, 그리고 중요한 부분에 초점을 맞추는 것입니다.

이 중 대화에서의 실제감은 이 순간의 자리에서 내 자신과 다른 이들을 인식하는 것입니다. 우리가 어떤 일에 정신이 팔려 있거나 다른 일에 몰두하고 있을 때는 학생이나 동료가 와서 말을 걸어도 잘 알아차리지 못하는 순간이 있지요? 저는 스마트폰을 한참 보고 있을 때 남편이 와서 뭐라고 말을 했는데 전혀 그 내용이 귀에 들어오지 않고 기억도 나지 않는 경우가 종종 있어요. 그때 저의 주의는 스마트폰에 온통 가 있어서 남편의 말을 제대로 듣지 못했던 거지요.

실제감을 느끼기 위해서 제일 쉬운 방법은 일단 내 몸이 어딘가에 닿아 있는 그 접점을 느껴보는 겁니다. 만약 의자에 앉아 있다면 의자 위에 앉아 있는 내 엉덩이의 무게감을 한번 느껴보세요. 서 있을 때는 발바닥이 바닥에 닿아 있는 그 느낌에 집중해 보세요. 가장 빨리 실제감을 느낄 수 있는 간단한 방법입니다. 하지만 이 느낌을 항상 인지하고 있기는 어렵습니다. 한순간 알아차리는 것은 쉽게 가능하지만, 막상 대화하는 내내 이런 실제감을 유지한다는 것은 매우 어려운 일이고 그래서 연습이 필요합니다.

대화 도중에 잠시 멈추고 호흡을 하는 것은 매우 중요한 실제감 유지 방법입니다. 둘씩 짝을 지어서 다음과 같이 간단하게 멈추기 연습을 해볼 수 있습니다.

1. 둘씩 짝을 지어 연습합니다.
2. 5분간 타이머를 맞추고 최근에 나의 관심사 한 가지를 골라서 이야기합니다.
3. 서로가 매번 말을 하기 전에 숨을 한 번 쉬고 말을 시작합니다. 내가 잘 멈출 수 있는지 살펴봅니다.
4. 문장 하나를 말하고 나서 다음 문장을 말하기 전에 1분간 멈춰봅니다.
5. 멈춤의 시간 동안에는 호흡을 닻으로 활용해서 호흡으로 돌아가거나, 내 몸이 닿아 있는 접점에 주의를 둡니다.

누군가와 대화를 할 때 어떠해야 하는지에 대해서 잘 나타내주고 있는 글이 있습니다. 다음은 비폭력대화의 창시자인 마셜 로젠버그의 '마술쇼'라는 글입니다.[*]

서핑해본 적 있으세요?

지금 보드를 타고 나가서 큰 파도가 오기를 기다리고 있다고 상상해보십시오.
자, 그 에너지에 휩쓸려갈 준비를 하세요.

---

[*] 캐서린 한, 〈비폭력대화 NVC 1단계 교재〉, 한국NVC센터

자, 여기 옵니다!
지금 그 에너지와 함께하고 있습니까?

그것이 공감입니다.

말이 필요 없고, 그냥 그 에너지와 함께하는 것입니다.
다른 사람 안에 생동하고 있는 것과 연결할 때 나는 서핑하는 것 같은 느낌을 가집니다.
과거의 것은 아무것도 가져올 수 없습니다.
심리학을 많이 공부할수록 공감하기는 더 힘들 겁니다.
상대를 잘 알수록 공감하기가 더 힘들 겁니다.
진단이나 과거의 경험들은 당신을 서핑보드에서 당장에 떨어뜨릴 겁니다.
과거를 부정하는 것이 아닙니다. 과거의 경험들이 이 순간에 느낌을 일으킬 수 있습니다.
그러나 당신은 지금 과거 일에 초점을 두고 있습니까?
아니면 그 사람이 지금 이 순간에 무엇을 느끼고 원하는지에 초점을 두고 있습니까?

그 사람을 더 기분 좋게 해주려면 무슨 말을 해야 할까 하고 미리 생각하고 있다면

"첨벙", 보드에서 떨어집니다. 당신은 미래로 가버렸으니까요.

공감은 지금 여기에 있는 에너지와 같이 있을 것을 요구합니다.
아무 기술도 쓰지 않으면서 그냥 현재에 있는 것입니다.
내가 진정으로 이 에너지와 연결되어 있을 때, 나는 마치 거기에 없는 것과 같습니다.
나는 이것을 마술쇼를 보는 것 같다고 말합니다.
이때 아주 귀중한 에너지가 우리를 통해서 흐르고
그 에너지에는 모든 것을 치유할 수 있는 힘이 있습니다.
그리고 무엇이든 "고치려" 하는 나의 습관에서 나를 해방시킵니다.

저는 위의 글처럼 공감하며 들을 수 있는 선생님이 되고 싶다고 진심으로 생각합니다. 그러기 위해서는 내 안에 연민과 사랑, 배려의 마음이 있어야 아이들과 동료들의 이야기가 들립니다. 또 상대의 말에 진심으로 호기심과 관심을 가지고 있을 때 우리는 제대로 들을 수 있지요. '아, 이 사람은 지금 어떤 마음인 걸까? 정말 궁금하다.' '이 사람의 마음속에는 어떤 풍경이 펼쳐지고 있는 걸까?'라는 생각을 하면서 손을 꼭 잡고 상대방 마음의 오솔길을 함께 걷는 거지요.

우리가 대화를 할 때 알아차려야 하는 것에는 무엇이 있을까요? 우선은 나와의 연결이 잘 되어 있는가입니다. 그것이 앞에서 얘기한 실제감입니다. 다음은 나의 느낌과 욕구를 알아차리는 것입니다. 이것은 자기와의 연결이라고도 할 수 있는데, 자기 자신을 공감하지 못하는 사람은 다른 사람도 공감하기가 힘듭니다. 내 안에 없는 것을 상대에게 줄 수는 없으니까요. 마음챙김을 연습하다 보면 내 안의 느낌과 생각, 내가 원하는 것들을 좀 더 섬세하게 잘 알아차릴 수 있는 힘이 길러집니다.

　　다음 장부터는 알아차림의 언어라고 할 수 있는 비폭력대화의 네 가지 요소인 관찰, 느낌, 욕구, 부탁을 하나씩 살펴보면서 안내해 드릴 것입니다.

관찰로
대화
시작하기

수업에 들어갔는데 A의 눈시울이 붉어져 있는 것을 발견했어요. 표정이 어두워 보이고 한 친구가 옆에서 위로를 하는 듯한 상황이 보이기에 "무슨 일 있었니? 혹시 친구랑 다툰 거니?"라고 물어보니 옆에 있던 아이가 B랑 다투었다고 알려주더군요.

우선 B에게 가서 "어떻게 된 일인지 말해 줄래?" 하고 물었어요. "저랑 C가 손으로 장난을 치고 있었는데, A가 와서 갑자기 제 등을 세게 때렸어요. 그래서 저도 화가 나서 A와 싸웠어요."라고 하네요.

이번엔 다시 A에게 갔죠. "이제 이야기해 줄 수 있어?"라고 물으니 A가 말했어요. "B가 C를 괴롭히고 있길래 제가 하지 말라고 했어요. 그랬더니 B가 제 손을 밀쳤고, 처음엔 가만히 있었는데, C를 또 괴롭혀서 하지 말라고 제가 등을 한 대 쳤어요. 그랬더니 B가 제 손을 꺾었어요." 하면서 눈물을 흘립니다.

이번에는 C를 불러서 이야기를 들어보았더니 "아, 그건요. B랑 제가 같이 있는데 B가 제가 싫어하는 행동을 했고, A가 와서 그걸 말리다가 둘이 싸웠어요."라고 합니다.

A는 B가 C를 괴롭혔다고 했고, B는 A가 갑자기 와서 자기를 때렸다고 했지요. 세 명 모두 상대에 대한 '판단'을 하고 있었습니다. 자신의 판단을 진실이라고 믿고 있기에 상대방의 행동이 이해되지 않고 화가 났던 겁니다. B는 자신의 행동을 C가 싫어하는 줄 몰랐다고 하더군요. C가 그 행동을 싫어해서 A가 도와주려고 했다는 말을 전해 주었더니, B의 표정이 바뀌면서 "그럼 제가 사과해야겠어요."라고 말합니다.

비폭력대화에서는 '관찰'로 대화를 시작하라고 합니다. 대개 우리는 어떤 말을 듣거나 행동을 보았을 때 거의 자동적으로 어떤 '판단'이나 '평가'를 하는 경향이 있어요. 그런데 나의 판단이나 평가로 대화를 시작하면 상대는 이것을 비난이나 공격으로 듣게 될 확률이 높습니다. 나도 상대도 동의할 수 있는 지점에서 대화를 시작해야 다음 단계로 나아갈 수 있기에, 그래서 관찰로 대화를 시작하는 것은 매우 중요합니다. 하지만 우리는 너무 오랜 시간 동안 그렇게 습관적으로 판단하고 평가하며 살아왔기 때문에 관찰로 대화를 시작하는 것은 어느 정도 연습이 필요합니다.

아이들이 보통 다투고 나서 하는 말 중에 "쟤가 저를 무시했어요."라고 하는 표현이 있지요. 그런데 상대 아이에게 물어보면 "저는 절대 그 아이를 무시한 적이 없어요."라고 하거든요. 백이면 백, 거의 그렇게 말합니다. 그때 저는 다시 한번 이렇게 물어봐요.

"어떤 행동을 보고 너는 그렇게 생각한 거야? 혹시 어떤 말을 들었니?"

"그 아이가 저를 째려보고 지나갔어요."

째려봤다는 구체적인 행동이 나왔지만, 여전히 이것은 판단에 근거한 문장입니다.

"아! 그래? 째려봤다는 것은 어떤 것일까? 네가 그 상황을 좀 더 자세하게 있는 그대로 묘사해 줄 수 있을까?"

"째려본 걸 째려봤다고 하지 뭐라고 해요?"

"혹시 그 아이가 복도에서 너를 쳐다보고는 아무 말 없이 지나간 거니?"

이렇게 다시 물어보면 어떤 말이나 행동에서 자극을 받은 것인지 찾아갈 수 있습니다.

대화를 시작할 때 관찰로 시작한다는 것은 엄청난 마음챙김의 내공을 필요로 합니다. 내가 방금 보거나 들은 것이 나에게 어떤 자극으로 다가올 때 우리는 자동적으로 어떤 판단이나 해석을 하게 되거든요. 그 순간 잠시 멈춰서 내가 본 것과 나의 생각이 섞이고 있다는 것을 알아차리고 그것을 분리해 내야 합니다.

저는 자유학년제 선택 과목으로 '청소년을 위한 소통의 대화'라는 수업 시간에 아이들과 비폭력대화를 나누고 있습니다. 관찰에 대해서 배울 때 학생들에게 이런 질문을 해봤어요.

"여러분, '그 선생님은 교사답지 않다'라는 문장은 관찰일까요, 평가일까요?"

선생님들도 한번 생각해 보세요. 평가하는 문장이겠지요? 이번에는 이 문장을 관찰로 바꿔보자고 했더니, 아이들이 다양한 답변을 내놓았습니다. 한 학생은 "그 선생님은 차별 대우를 한다."는 문장을 적었습니다. 그런데 이 답변은 평가겠지요. "어떤 행동을 보고 그런 판단이 들었을까?"라고 다시 물으니 학생이 이렇게 바꾸어주었어요. "준비물을 똑같이 안 가져왔는데, A에게는 뭐라고 하고 B에게는 뭐라고 안 해요." 이런 방식으로 우리는 관찰하는 연습을 해나갈 수 있습니다.

우리 교사들도 아이들의 행동을 보면서 자동적으로 판단하는 경우가 많지요. 어쩌면 하루 종일 아이들에 대해 판단하고 있는지도 모른다는 생각을 조심스럽게 해봅니다. 그렇다면 이것을 스스로 알아차려보는 연습을 해보시길 권합니다. 오늘 하루 동안 나는 아이들을 보면서 어떤 판단을 하고 있는지 내 생각을 살펴보고 그것을 적어보는 거지요.

'A는 태도가 참 안 좋아' 'B는 늘 산만해' '1반은 어수선해' 'C는 버릇이 없어' 'D는 반항적이야' 등 우리는 그 아이의 어떤 행동을 보고 그런 생각을 하는 걸까요? 물론 교사 입장에서는 학생을 평가해야 하는 위치이기도 하고, 지속적으로 반복되는 행동을 지켜본 후에 나온 근거 있는 말일 수도 있습니다. 하지만 그 말을 하는 것이 정말 그 학생에게 도움이 될까요? 교사인 우리에게는 도움이 될까요? 그 말을 할 때 우리는 그 학생과 연결하고자 하는 의도가 있는 걸까요? 그런 말로 상대에 대한 판단을 고정시켜버리면 상대와의 연결이 끊어지고 상대에 대한 선입견이 굳어지는 결과로 이어집니다.

학기 말 사회시간에 과목과 관련된 책을 읽도록 시간을 준 적이 있었습니다. 그때 저는 어떤 학생을 바라보면서 이런 평가를 내렸지요.

"참 열심히 참여하지 않네."

이 상황에서 저는 무엇을 본 것일까요? 제가 교실을 순회할 때마다 학습자의 진척도가 보이지 않았고, 제가 그쪽을 바라보았을 때 친구와 이야기하고 있는 모습이 두세 번 정도 눈에 띄었던 거지요. 과연 이 아이는 열심히 하지 않는 아이일까요? '열심히'의 기준은 무엇일까요? 교사로서 제가 원했던 것은 학생이 조용하게 책을 읽는 모습이었던 것 같아요. 그 기준으로 수업하는 내내 학생들을 끊임없이 평가하고 있었다는 것을 발견하게 된 순간이었습니다.

수업 시간에 어떤 아이가 친구와 대화를 계속할 때, "야, 너 왜 그렇게 떠들어? 수업 태도가 엉망이구나!"라는 말로 대화를 시작

한다고 해봅시다. 그 아이는 어떤 마음이 들까요? 아마 '나도 사정이 있었는데….' 혹은 '선생님한테 찍혔구나.' '저 선생님은 왜 나만 갖고 그럴까?'와 같은 생각을 하지 않을까요? 우리가 바라듯이 '아, 선생님이 저렇게 말씀하시는 것을 보니 내가 정말 잘못했구나. 반성하고 조용히 해야지.'라고 생각하는 학생은 아마 거의 없을 겁니다. 그렇다면 이렇게 표현을 바꾸어보면 어떨까요?

"내가 설명을 하는데 네가 친구와 대화하는 모습을 볼 때 선생님은 섭섭하고 신경 쓰이는구나. 왜냐하면, 선생님은 수업 내용을 너에게도 잘 전달하고 싶고, 차분한 분위기에서 수업이 잘 진행되기를 바라거든. 내 이야기를 들으니 너는 어떠니?"

이것이 바로 비폭력대화법입니다. 시작은 관찰로 하되 그 뒤에 나의 느낌과 욕구를 말하는 과정에서 충분히 내가 원하는 것을 전달할 수 있지요. 상대를 비난하지 않으면서 나의 마음이 고스란히 상대의 마음에 전해지니 얼마나 효과적이고 평화로운 방법인가요.

내가 보고 있는 것을 카메라로 찍듯이 있는 그대로 사실만을 말하는 것, 상대도 동의하고 나도 동의할 수 있는 바로 그 지점, 거기서부터 우리의 대화는 시작될 수 있습니다.

관찰 연습

●

1. 교실에 있는 학생들의 모습을 바라보면서 떠오르는 생각들을 가감 없이 적어보세요. (예 : 저 아이는 산만하구나, 이 반은 너무 떠든다, 상태가 안 좋은 학생이다, 저 아이는 싸가지가 없다, 어수선하다, 정신이 없다, 못됐다, 착하다, 바르다, 성실하다)

_____

_____

_____

_____

_____

_____

2. 앞의 문장들을 하나씩 관찰로 바꾸어보세요. 실제로 학생들의 모습을 보면서 관찰로 적어보는 시간을 가져보세요. (예 : 내가 책을 읽으라고 하는데 친구와 이야기하고 있다, 수업 종이 쳤는데 돌아다닌다, 내가 설명하는데 친구를 바라보며 대화를 한다, 수업 시간에 학원 숙제를 꺼내놓았다, 준비물을 가져오지 않았다, 의자를 움직여서 소리가 난다, 수업 중에 엎드려 있다)

느낌
알아차리기

비폭력대화의 두 번째 요소는 '느낌 알아차리기'입니다. 그 전에 먼저 저에 대한 고백을 해야겠군요. 저는 평소에 무척 긍정적인 사람이라는 평을 듣는 편입니다. 어떤 상황에서도 밝은 면을 찾아내 그 상황을 비관적으로만 보지 않으려고 애쓰는 편이지요. 이것은 타고난 저의 성향이기도 하고, 교육이나 사회적인 메시지를 통해 '긍정적인 사람이 되어야 해' 하고 주입된 생각의 영향이기도 합니다. 물론 그렇다고 해도 저 역시 늘 좋은 기분과 긍정적인 에너지를 유지할 수 있는 것은 아닙니다.

전에는 기분이 좋지 않거나 우울한 날 또는 속상한 일이 있을 때면 밖에 나가서 친구를 만난다든지, 맛있는 것을 먹는다든지 하는 것으로 기분을 전환하려고 했습니다. 얼른 이 기분을 떨쳐버려야지 하면서 억지로라도 그 생각을 하지 않으려고 하거나, 다른 일들로 바쁘게 지내면서 잊어버리고 싶어 했지요. 하지만 그렇게 한다고 해서 힘든 마음이 나아지는 것은 아니었어요. 겉으로는 괜찮아 보였지만 카펫 밑의 먼지처럼 우울한 감정과 느낌은 그대로 쌓여가고 있었던 거죠. 그리고 어느 날 반드시 그것들이 한꺼번에 민낯을 드러내는 순간이 온다는 것을 알게 되었어요. 그 결과 남을 공격하거나 우울증으로 고통받는 일이 생길 수도 있지요.

20대의 저는 제 마음을 잘 표현하지 못하는 사람이었어요. 늘 긍정적으로 밝게 행동하면서 살려고 하다 보니, 정말 슬픈 일이 생겼을 때 어떻게 이 감정을 다뤄야 할지 몰라서 무척 괴로워했던 시절이 있었죠. 그러나 비폭력대화에서 '느낌'이라는 것을 배우고 난 뒤 많이 달라졌습니다. 요즘은 누가 어떤 제안을 할 때면 먼저 나의 느낌을 살핍니다. 느낌이 편안하고 기대된다면 그것을 흔쾌히 선택하고요, 느낌이 왠지 불편하고 망설여진다면 그건 그 일에서 내가 뭔가 충족되지 않는 욕구가 있다는 뜻으로 받아들여서 거절을 선택하기도 해요.

저는 이제 슬프거나 힘들 때 나에게 신호를 보내주는 느낌들을 무척 고맙게 여기고 있습니다. 그런 느낌들은 '지금 너한테 필요한 것이 있어, 무척 중요한 것들이 채워지지 않고 있어.'라고 알려주는 시그널이거든요.

"너는 느낌이 어떠니?"라고 학생들에게 물어보면 "아무 느낌 없는데요?"라거나 "잘 모르겠어요."라고 하는 경우가 많습니다. 그나

마 대답을 해도 "좋아요." 혹은 "나빠요." 등의 단답형으로 끝나는 경우가 대부분이죠. 대개 우리는 기분이 좋다, 나쁘다 혹은 긍정적인 감정과 부정적인 감정 등으로 느낌을 나누곤 하는데요, 비폭력대화에서는 느낌을 우리에게 중요한 것이 충족되었는지의 여부에 따라 달라지는 신호라고 봅니다. 즉 '욕구가 충족되었을 때의 느낌'과 '욕구가 충족되지 않았을 때의 느낌'으로 구분할 뿐이고 모든 느낌은 그 자체로 소중한 것이지요. '느낌'은 지금 내 욕구가 잘 충족되고 있는지 아닌지를 우리에게 바로바로 알려주는 중요한 메시지이자 안내자인 겁니다.

아이들이 다투거나 표정이 좋지 않을 때는 교사가 느낌만 알아주어도 표정이 조금씩 풀어지고 긴장이 완화되는 것을 경험할 수 있습니다. 수업을 시작할 때 종종 '느낌 출석 부르기(이름을 부르면 해당 학생은 그날의 느낌을 말하며 대답하는 활동)'를 하는데, 학생들에게서는 '피곤한, 지친'이라는 단어가 압도적으로 많이 나오더군요. 듣고 있다 보면 안쓰럽고 안타까운 마음이 들어서 "너희들 요즘 힘들지?", "많이 피곤하니?" 하고 물어보면서 학생들과 마음을 연결하곤 합니다.

느낌을 섬세하게 표현할 수 있는 다양한 언어들을 평소에 자주 접하면서 사용해 보는 연습을 하는 것도 필요합니다. 우리말에는 다양한 느낌말이 있는데, 섬세한 느낌의 차이를 제대로 느끼면서 살고 있는지, 느낌이 와도 그것을 제대로 표현하고 있는지 스스로 의문이 들 때가 많습니다. 그래서 학생들과도 다양한 느낌말을 익히기 위해 여러 가지 놀이를 하는데 그중 대표적인 것이 카드를 이용해서 하는 느낌말 알아맞히기 게임이에요. 예를 들어 한 학생이 '불편한'이라는 단어를 뽑았다면 해당 카드를 뽑은 학생은 그 카드를 보지 않은 상태에서 다른 학생들이 이 학생에게 상황 설명을 하여 그 단어를 맞힐 수 있도록 하는 거죠. 말로 설명하지 않고 처음에는 표정이나 몸짓만으로 표현하게 하고 맞혀보도록 해도 재미있습니다.

특히 대화에서 가장 효과적인 것은 학생이 자극을 받았을 때 느낌을 물어보면서 공감해 주는 것이에요. "지금 느낌이 어때?", "지금 네 마음은 어떠니?", "편안하니? 혹시 불편한 점은 없니?"라고 물어봐주는 것의 힘은 생각보다 매우 크답니다. 어렸을 때 누군가 우리에게 "네 마음은 어떠니?" 혹은 "지금 느낌이 어때?" 하고 물어봐준 적이 있었는지 한번 떠올려볼까요? 저에게는 가끔 네 생각이 뭐냐고 물어본 사람은 있어도, 마음이 어떤지 물어봐준 사람은 거의 없었던 것 같아요. 이젠 느낌의 중요함을 깨닫게 되었으니 아이들에게 먼저 네 마음은 지금 어떤지 물어봐줄 수 있는 어른이 되어야겠다는 생각이 듭니다.

우리에게는 마음의 느낌만 있는 것이 아닙니다. 몸으로 느껴지는 감각을 알아차리는 것도 무척 중요하지요. 하지만 우리는 몸의 느낌에 대해 무감각하게 넘겨버리는 경우가 많습니다. 저 역시 그 동안 몸의 감각에 대해서 둔하게 살아온 편인데, 그래서 몸이 나에게 말하는 것을 잘 들을 수 있는 능력을 키우려고 노력 중입니다.

자신의 감정을 느끼기 어렵다면, 몸 안의 에너지 장에 온 신경을 집중해 보세요. 내면 깊은 곳으로부터 당신의 몸을 느껴보세요. 그러면 당신의 감정을 느낄 수 있을 겁니다. 정말로 당신의 마음을 알고 싶다면, 당신의 몸을 들여다보세요. 몸은 언제나 당신의 마음을 충실하게 반영하고 있습니다. 당신의 몸 안에서 일어나는 감정을 느껴보세요. 생각과 감정 사이에 갈등이 벌어지고 있다면, 생각은 거짓이고 감정이 진실입니다. 그것은 당신이 누구인지에 대한 절대적인 진실이 아닌, 그 순간 당신의 마음 상태에 대한 상대적인 진실입니다. (중략) 당신은 더 이상 감정이 아닙니다. 당신은 관찰자이며 목격하는 존재입니다.

- 에크하르트 톨레, 《에크하르트 톨레의 이 순간의 나》 중에서

몸의 느낌과 감각을 알아차릴 수 있는 훈련으로는 앞서 소개한 '바디스캔'(87쪽 참고)이 효과적입니다. 바디스캔은 몸으로 나의 주의를 돌려 신체의 각 부위에서 어떤 느낌이 일어나는지를 알아차리는 명상법이에요. 바디스캔을 통해서 몸의 감각을 섬세하게 알아차리고 느낌을 지각하는 능력과 주의력을 향상시킬 수 있답니다.

느낌을 나타내는 표현 *

욕구가 충족되었을 때의 느낌

고마운 감사한 고요한
평온한 기쁜 가벼운
진정된 든든한 느긋한
너그러워지는 반가운
부드러운 산뜻한 신나는
즐거운 유쾌한 짜릿한
편안한 행복한 흐뭇한
흥분되는 황홀한 개운한
뿌듯한 희망찬 포근한
뭉클한 통쾌한 홀가분한
기대에 부푼

욕구가 충족되지 않았을 때의 느낌

거북한 거친 귀찮은
걱정스러운 고통스러운
놀란 답답한 당혹스러운
두려운 겁나는 먹먹한
무거운 무기력한 불안한
성난 화난 혼란스러운
안타까운 아픈 어지러운
억울한 위축된 외로운
짜증나는 허전한 아쉬운
지루한 무서운 섭섭한
조급한 지친 괴로운

---

* 박재연, 《나는 왜 네 말이 힘들까》(한빛라이프)를 참고하였습니다.

느낌에 이름 붙이기

●

편안한 자세와 마음으로 다음과 같이 활동해 봅니다.

허리는 곧게 펴고 몸은 편안하게 힘을 빼고 앉아봅시다.

눈을 감아보세요.

지금 나의 호흡이 어디에서 느껴지는지 한번 찾아봅니다.

천천히 숨을 들이마시고, 천천히 숨을 내쉽니다. (3회 반복)

이제 본인의 속도에 맞게 편안하게 호흡합니다.

지금 떠오르는 느낌에 이름을 붙여봅시다.

만약 불안함이 느껴진다면 '불안함'이라고 이름을 붙여보는 거지요. 혹시 즐거운 마음이 든다면 '즐거움'이라고 이름을 붙여보세요.

내 몸의 어디에서 그 감정이 느껴지나요?

얼굴인가요? 가슴인가요? 배인가요? 혹은 다른 곳인가요?

어떤 느낌이 드나요?

쿡쿡 쑤시나요? 약간 통증이 느껴지나요?

아니면, 따뜻한가요? 편안한가요?

느낌을 알아차릴 때마다 느낌에 이름을 붙여줍니다.

그런 다음 다시 호흡으로 주의를 돌립니다.

원하는 것을 말하기

비폭력대화에서 욕구는 매우 중요한 핵심 개념이에요. 사람들이 필요로 하는 것, 가치 있게 여기는 것, 우리에게 중요한 것들을 욕구라 하고, 욕구는 살아 있는 사람이라면 누구나 가지고 있는 삶의 에너지랍니다.

조카가 아직 말이 서툴 때의 일이었어요. 친정 식구들이 명절에 다 같이 모여 즐거운 시간을 보내고 있었는데 중간에 남동생 부부는 먼저 일어나야 하는 상황이었죠. 조카는 한참 재밌게 놀고 있는데 가야 한다고 하니 울기 시작했어요. 계속 안 간다며 손으로 방바닥까지 치면서 우는 난감한 상황이었답니다.

옆에서 지켜보다가 안 되겠다 싶어 제가 조카를 붙잡고 이야기를 시작했어요.

"○○아, 오늘 고모네 집에 와서 무척 재미있게 놀았지? 이렇게 재미있는데 지금 가야 한다고 하니 아쉽고 속상해?"

막 울던 조카가 자기 마음을 알아주고 느낌을 물어봐주니 눈물을 그치더군요.

"그런데 엄마랑 아빠는 지금 가야 한대. 어떻게 하면 좋을까? ○○이는 지금 어떻게 하고 싶어?"

"놀고 싶어!"

"그렇구나! ○○이는 놀고 싶구나. 그런데 할머니 할아버지 집에 가도 또 놀 수 있대. 거기 가서 놀면 어때?"

그러자 놀랍게도 조카가 고개를 끄덕입니다.

놀고 싶다는 욕구, 그것을 알아주니 새로운 수단과 방법에 동의한 겁니다. 당장 옷을 입히고 데리고 나가는데 순순히 따르며 잘 가라는 인사까지 나누며 보냈던 기억이 있습니다. 어린아이와도 욕구를 통해 대화가 효과적으로 이루어졌던 놀라운 경험이었고, 비폭력대화에 대한 확신이 든 순간이기도 했답니다.

욕구는 내 마음속에도 있지만, 내가 미워하는 그 누군가에게도 있습니다. 사실 욕구는 인간이면 누구나 가지고 있는 보편적인 것이어서 그 자체로는 갈등이 없어요. 우리는 욕구 자체가 아닌, 욕구를 이루기 위한 수단이나 방법 때문에 싸우는 거지요.

우리 삶에 중요한 욕구가 많지만 저에게는 '재미'라는 욕구가 참으로 중요합니다. 그런데 이 재미를 충족하는 방법은 무척 다양하고 사람마다 다릅니다. 욕구는 같아도 그것을 충족하는 방법은 상황마다 사람마다 문화권마다 혹은 나이에 따라 달라질 수 있지요. 아니, 사람마다 다 다르다고 해도 과언이 아닐 겁니다. 예를 들어, 재미를 충족하는 방법에 대해 학생들에게 물어보면 대개 게임이라고 대답하지만, 저에게는 컴퓨터 게임이 재미있는 일이 아니라 오히려 어렵고 낯선 일이거든요.

친구와 만나서 재미있는 시간을 보내기로 했다고 가정해 보죠. 한 사람은 운동을 좋아해서 같이 배드민턴을 치러 가자고 하는데, 한 사람은 운동을 못하고 싫어한다면 어떻게 해야 할까요? 한 사람은 함께 차를 마시면서 수다를 떨고 싶어 하는데, 다른 사람에게 그 일은 따분하고 지루한 일이라면요? 결국 둘 다 좋아하는 영화를 보러 가는 것으로 결정하고 둘 다 그 방법에 만족했다면 서로의 욕구가 함께 충족되는 경험을 할 수 있겠죠? 그런데 한쪽이 계속 자기가 제안한 방법만을 고집하거나 강요해서 억지로 다른 한쪽이 맞춰줘야 한다면 그 관계는 오래가지 못할 겁니다.

비폭력대화를 만든 마셜 로젠버그는 욕구가 삶의 에너지라고 했는데, 사실 저는 비폭력대화를 배우고 나서도 한참 동안 그 말의 의미를 깊이 이해하지는 못했어요. 요즘은 조금씩 그 말의 의미를 몸으로 느끼게 되었는데, 욕구 명상을 하게 된 것이 큰 도움이 되었지요. '나에게 지금 어떤 욕구가 살아 있는가?', '지금 내가 원하는 것은 무엇인가?'에 초점을 맞출 수 있게 되면서 삶에 의욕이 생기고 생동감이 살아 움직이는 것을 경험으로 알게 되었기 때문이에요. 한마디로 사는 것이 즐거워지고 신바람이 난다는 말이죠.

《힐드리드 할머니와 밤》(첼리 두란 라이언 글, 아놀드 로벨 그림)이라는 그림책에서 할머니는 자신이 싫어하는 밤을 몰아내기 위해 고군분투해요. 밤새 그렇게 여러 가지 방법을 써보다가 새벽이 되면 지쳐서 잠이 듭니다. 바로 그때 태양이 떠오르는데 말이에요. 결국 낮 동안에는 잠을 자고 밤에 깨어 있는 일상이 매일 반복되지요.

저는 이 그림책을 보면서 이런 생각을 해봤어요. 우리는 계속 자기가 원하는 것에 집중하기보다는 원하지 않는 것을 없애려고 하거나 고치려고 하는 것 같아요. 내가 원하는 것을 그저 하면 되는데, 내가 원하는 것이 무엇인지도 모르고 결국은 엉뚱한 곳에 에너지를 쓰고 있는 경우는 없을까요? 학생들에게 우리가 바라는 것은 서로 소통하며 활기찬 분위기에서 수업을 통해 배움과 성장이 일어나는 것인데, "떠들지 마라", "조용히 해'라는 말을 하고 있을 때 우리는 원하는 것에 제대로 초점을 맞추고 있는 것일까요?

이제 "사실대로 말하지 못해?", "거짓말 하지 마"가 아닌 "진실을 알고 싶어", "선생님은 너와의 신뢰가 중요해"라고 말할 수 있기를 바랍니다. 그러기 위해서는 "선생님은 존중받고 싶어", "너를 믿고 싶어", "너와 소통을 하고 싶어", "너를 돕고 싶어"와 같이 욕구 단어를 활용해서 우리가 말하고 싶은 것을 표현하는 연습을 자주 해보면 좋습니다. 지금 내가 말하는 것이 욕구인지 아니면 수단이나 방법인지도 구분해 보면서요.

어떤 행동을 반복적으로 하면서도 허탈하거나 아쉬움이 계속 남는다면 그때는 이렇게 자문해 보세요.

"나는 이 행동을 하면서 무엇을 충족하려 하고 있나?"

한동안 야식을 습관적으로 먹던 때가 있었어요. 특별히 배가 고프다기보다는 왠지 허전해서 먹는 것이었죠. 점심은 학교 식당에서 먹으니 선택의 여지가 없고, 하루 종일 일을 하다가 집에 돌아오면 뭔가 나에게 보상을 해주고 싶은 마음이 드는 겁니다. 자기 전에 먹는 일이 몸에 좋지 않다는 것을 알면서도 나도 모르게 습관적으로 과자나 라면 같은 것을 먹을 때가 있는데, 이때 제 욕구는 휴식, 여유, 즐거움, 자기돌봄 등이었죠.

그런데 야식을 계속 먹게 되면 휴식이나 여유는 충족될지 몰라도 다음 날 몸이 찌뿌둥하고 살이 찌기 때문에 정작 자기돌봄이나 건강의 욕구는 충족되지 않습니다. 그렇다면 그 시간에 다른 방식으로 나의 욕구를 돌볼 수는 없을까요? 따뜻한 차 한 잔을 마신다든지, 가볍게 먹을 수 있는 과일을 조금 먹는다든지, 내가 좋아하는 책을 읽는다든지 하는 다양한 방법을 찾아볼 수 있을 겁니다.

하나의 욕구를 충족할 수 있는 방법은 무궁무진하게 개발할 수 있습니다. 다양한 방법을 많이 개발할수록 선택지가 많아지니 한 가지 방법에만 집착하지 않게 되죠. 남들이 정해 놓은 기준이나 방법에만 얽매이지 않고, 자신의 삶에서 필요한 욕구를 충족하기 위해서 창조적인 아이디어를 적용하면서 살아간다면 정말 다채롭고 멋진 인생이 아닐까요?

나의 느낌과 욕구 찾기

●

　다음에 제시된 문장을 보고 나의 느낌과 욕구를 최대한 많이 찾아보세요.

　(예시) 요즘 수업 준비하기가 너무 싫다.

- 느낌 : 피곤한, 지루한, 답답한, 힘든, 두려운, 막막한, 귀찮은 등
- 욕구 : 휴식, 재미, 여유, 편안함, 도움, 회복 등

1. 우리 학교 선생님들은 뭐만 하자고 하면 다 안 된다고 한다.

- 느낌 :
- 욕구 :

2. 저 학부모는 정말 무례하다.

- 느낌 :

- 욕구 :

3. 요즘 학교 다니는 것이 도살장에 끌려가는 것 같다.

- 느낌 :

- 욕구 :

4. 이 반은 수업하기가 너무 힘들다.

- 느낌 :

- 욕구 :

5. 혼자 카페에 가서 책을 읽고 싶다.

- 느낌 :

- 욕구 :

6. 저 학생이 자꾸 떠드는 것을 보면서 화가 난다.

- 느낌 :

- 욕구 :

7. 학생들이 요즘 나를 무시하는 것 같다.
- 느낌 :
- 욕구 :

8. 교장실에 불려가서 기분이 좋지 않다.
- 느낌 :
- 욕구 :

욕구로
명상하기

욕구 명상이라는 말을 처음 들어보는 사람의 입장에서는 '욕구를 명상하라고? 명상도 어떻게 하는지 모르는데, 욕구를 명상하라니 이게 도대체 무슨 말이야?' 하는 생각이 들 겁니다. NVC를 배우고 몇 번의 공감 연습을 하다 보면 느낌과 욕구를 찾는 것까지는 대부분 쉽게 이해하고 상황에 적용할 수 있습니다. 그런데 머리로는 욕구를 찾았다고 생각했는데 왠지 시원하지 않고 충만한 느낌이 들지 않을 수도 있습니다. 그래서 "욕구를 찾아도 아무 해결도 안 되던데?" 하는 분들도 있습니다.

욕구를 찾고 난 다음에는 바로 어떤 행동의 단계로 가기보다는 잠시 욕구 단어에 집중하면서 머물러보는 시간을 가져보길 권합니다. 이것이 바로 욕구 명상입니다.

NVC 공부를 하다 보니 욕구 명상이 중요하다는 것은 알겠는데, 이것을 안내하고 경험하도록 이끌어내는 것은 쉽지 않았습니다. 다른 명상도 그렇지만 이것은 오로지 자신이 경험하면서 몸과 마음으로 느껴봐야 하는 것이거든요. 같은 욕구를 가졌더라도 사람마다 각기 다른 이미지와 경험을 떠올립니다. 어떤 경우에는 색깔이 보이기도 하고 상상 속에서 내가 경험하지 못했던 새로운 장면들이 구현되기도 하지요.

다음은 '솔직함'이라는 욕구에 대한 명상입니다. 나에게 솔직함과 관련된 기억들이 있는지 눈을 감고 한번 떠올려보세요. 솔직하게 말을 한 뒤에 상대방과 더 깊게 연결되었던 경험이라든지, 솔직하게 말한 뒤의 속 시원한 느낌을 떠올려본다든지 하는 것이죠.

아래의 안내 멘트는 '매일 NVC 연습'이라는 밴드의 운영자인 최은석 님이 올려주신 내용입니다.

당신 안에 '솔직함'의 욕구가 어떻게 생동감 있게 살아 있나요?

('솔직함'의 욕구를 5초 정도 음미합니다.)

이 욕구를 음미할 때 몸의 어떤 감각들이 느껴지나요?

그 느낌을 여러 가지 다양한 방식으로 이미지화해 봅니다. 예를 들면 색이나 빛깔, 혹은 어떤 모양으로 표현할 수도 있고 또는 소리나 냄새, 혹은 어떤 움직임, 감촉 등으로 자유롭게 이미지화해 봅니다.

움직임이라면 어떻게 움직이는지, 어떻게 퍼져나가는지, 혹은 어떻게 머무는지 가능하면 구체적으로 상상해 봅니다.

이제는 이 '솔직함'의 욕구가 완전히 충족된 상황을 시각화해서 이미지로 만들어봅니다. (상상력과 창의력을 발휘하여 5분 정도 시간을 가지고 머물러봅니다.)

지금 그 욕구가 충족된 상황은 어떤 느낌인가요?

그 느낌에 충분히 머물러봅니다.

이 '솔직함'의 욕구를 가슴에 소중히 간직하는 상상을 하고 마칩니다.

둘씩 짝을 지어 욕구 명상을 연습하는 방법도 있습니다. 먼저 욕구 단어 하나를 고릅니다. '존중'이라는 단어를 골랐다면 다음과 같이 진행해 봅니다.

눈을 감고 '존중'이라는 욕구가 충분히 충족되었던 기억을 각자 떠올려봅니다. 떠오르는 기억이 없다면 상상력을 발휘해서 자신이 바라는 '존중'이 충분히 충족된 상황을 창조해 내고 머물러봅니다.

눈을 뜨고 A가 B에게 물어봅니다.

"존중이 당신에게 어떻게 살아 있나요?"

"당신에게 존중은 어떤 의미인가요?"

"어떤 장면이 떠오르셨나요?"

B의 대답을 듣고 나면 이번에는 B가 A에게 물어봅니다.

"존중이 당신에게 어떻게 살아 있나요?"

"당신에게 존중은 어떤 의미인가요?"

"어떤 장면이 떠오르셨나요?"

서로 이야기를 나누고 난 뒤 함께 침묵하면서 잠시 그 에너지에 머무릅니다.

좀 더 구체적인 이해를 돕기 위해서 제 사례를 하나 나누고자 합니다.

하루는 '선택'이라는 욕구를 떠올리며 명상을 했는데, 눈을 감고 선택이라는 말을 되뇌면서 잠시 머물렀더니 제가 사막의 끝에서 지팡이를 탁 내리치는 모습과 동시에 눈앞에 여러 갈래의 길들이 펼쳐지는 이미지가 떠올랐습니다. 그것을 욕구의 지팡이라 이름 붙이고, 욕구를 명확히 인식한 상태에서 지팡이를 내리치면 수백수천 가지의 다양한 길들이 내 앞에 펼쳐지면서 내가 어느 길을 선택하든 만족스러운 결과로 이어지는 상상이었습니다. '나는 무엇이든 선택할 수 있어!'라는 자기 암시와 함께 희망의 빛이 머리를 비추는 것 같은 이미지로 이어졌지요. 명상이 끝나고 나서 눈을 뜨니, 어깨가 펴지고 온몸에는 자신감이 넘쳐 흘렀습니다. 희망과 생동감이 가득해지면서 좀 더 구체적으로 하고 싶은 일들이 마구 떠오르는 경험을 했습니다.

이처럼 욕구를 명상하는 습관을 가지면 내 욕구는 내가 충족할 수 있다는 자신감이 생깁니다. 꼭 내 옆에 있는 특정 인물(가족, 동료, 학생)이 어떤 행동을 해주어야만 내 욕구가 충족되는 것이 아닙니다. 꼭 그 사람이 이런 행동을 해줘야 한다고 생각하는 것은 그 사람을 내 욕구 충족의 수단으로 보는 것입니다. 더군다나 그 사람은 자신의 욕구를 충족하기 위해 지금 이 순간에도 움직이고 있는 것이지, 나의 욕구를 충족하기 위해서 이번 생을 살고 있는 것은 아니니까요.

내 욕구를 내가 충족한다는 것은 삶의 주도권을 내가 갖게 되는 것을 의미합니다. 누군가가 어떻게 해주어야만 내 욕구를 충족할 수 있다고 여기는 것은 내 삶의 주도권을 그 사람에게 줘버리고 그 사람에게 의존하는 삶을 살게 되는 비극적인 결과를 초래하는 것이죠.

선생님들께 제안하고 싶은 연습 하나는 매일 아침이나 자기 전에 짧더라도 욕구 명상의 시간을 가져보는 것입니다. 아침에 일어날 때 오늘 내가 살고 싶은 모습을 상상하며 그 속에서 충족하고 싶은 욕구를 떠올려보는 것도 좋지요.

'나는 오늘 성실하게 내가 할 일을 하고, 학생들과 소통하면서 재미있게 수업을 마친 후 퇴근 후에는 홀가분하게 휴식을 취하면서 혼자만의 시간을 가지고 싶다.'

두 번째 연습 방법은 아침에 일어나 욕구 카드 중에서 한 장을 무작위로 뽑는 것입니다. 그 카드를 핸드폰 사진으로 저장한 뒤, 시간을 정해 두고(핸드폰 알람을 이용해도 좋겠지요) 하루 3번 정도 그 단어를 떠올리면서 명상하는 시간을 가져보는 겁니다. 예를 들어, '배움, 성장'이라는 단어를 뽑았다면 정해진 시간(아침, 점심, 저녁)에 눈을 감고 그 단어를 묵상하는 시간을 가져봅니다. 저는 내가 새싹이 되어서 배움이라는 물을 받아먹고 무럭무럭 성장하여 커다란 나무가 되는 모습이 떠오릅니다. 그 아래에 여러 사람들이 놀러와 쉬기도 하고, 즐겁게 이야기 나누는 모습이 연상됩니다. 저의 배움과 성장이 사람들을 위해 기여하는 것으로까지 이어지니 기쁨과 행복의 에너지가 충전되는 것 같습니다.

매일 이렇게 명상을 하면서 산다면 내 삶이 어떻게 변할지 생각만으로도 벅차지 않을까요? 신기한 것은 이렇게 명상을 하는 것만으로 내면의 힘이 생기고, 몸에도 생기가 돈다는 것입니다.

욕구 명상

•

욕구 단어를 골라 매일 하나씩 연습해 봅니다.

1. 내가 고른 오늘의 욕구 단어는?

_____

2. 욕구 명상을 하며 떠오른 이미지나 장면을 자세히 묘사해 보세요.

_____

_____

_____

3. 욕구 명상을 하고 난 뒤 지금 내 기분은 어떤가요?

_____

_____

_____

4. 그 욕구를 충족하기 위해서 내가 선택하고 싶은 방법은 무엇인
   가요?

_____

_____

_____

마음챙김하며
듣기

학급에서 갈등이 생기거나 뭔가 상담을 하고 싶다고 학생이 찾아왔을 때 혹시 어떤 기분이 드나요? 반가운 마음인가요? 아니면 성가시고 부담스러운 마음이 드나요? 아마 어떤 학생이 왔느냐에 따라서, 또는 그 순간 내가 어떤 상황이었는지에 따라서 그 느낌도 다를 겁니다. 내 마음이 여유 있을 때 학생이 찾아왔다면 좀 더 시간과 정성을 들여 만나줄 수 있을 텐데, 바쁜 업무에 정신을 빼앗기고 있을 때 학생이 찾아오면 성가신 일거리가 하나 더 늘어난 것처럼 부담스러울 수도 있지요.

이럴 때는 누군가의 이야기를 듣기 전에 먼저 나의 상태를 점검하고 자기와 연결을 하는 것이 매우 중요합니다. 잠깐 호흡을 하며 지금 내 마음이 어떤지, 내 몸은 어떤지 짧게 스캔해 보는 거지요. 그리고 마음속으로 의도를 내어봅니다. '내가 이 학생과 이야기하는 동안 이야기를 잘 들어봐야지. 학생의 마음과 내 마음이 잘 연결되도록 해봐야지.' 하고 말이에요. 이야기를 듣는 도중에도 마찬가지입니다. 내 마음을 텅 비우고 상대의 이야기를 잘 들어주기 위해서는 먼저 나의 중심이 잘 잡혀 있어야 합니다. 상대의 이야기가 너무 길어지거나 듣기 힘든 말이 계속 이어질 때는 나의 마음도 속으로 공감해 줍니다. 바닥에 닿은 발의 촉감이나 의자에 앉아 있는 엉덩이의 무게감 등을 느끼며 지금 여기 나의 감각으로 주의를 잠시 옮겨보기도 합니다. 이런 실제감을 확보하면서 다시 상대의 이야기를 들어보는 겁니다.

누군가 내 이야기를 아무런 판단 없이 가만히 들어준 경험이 있으신가요? 진정한 대화는 사실 말로만 이루어지는 것이 아닙니다. 상대방과 연결하려는 의도를 가지고 그저 가만히 옆에 있어 주는 것만으로도 공감은 충분히 일어나지요. 그런데 우리가 누군가의 이야기를 들어줄 때 늘 그렇게 듣는 것이 쉽지는 않습니다. 그럴 때면 바로 머릿속에 다른 생각이 들어옵니다. 이것을 스스로 경험해 볼 수 있는 마음챙김 듣기 연습이 있습니다.

1. 둘씩 짝을 지은 뒤 A가 먼저 5분간 이야기를 한다.
2. B는 아무 말도 하지 않고 그저 가만히 옆에서 들어주기만 한다.
3. 5분이 지나면 종을 울려서 이야기를 멈추도록 한다.
4. 이번에는 B가 자신의 이야기를 하고 A가 아무 말 없이 들어준다.

5. 이 과정에서 알아차린 것들을 중심으로 소감을 자세히 나눈다.

이 활동을 하고 나서 소감을 나누어보면, 상대방이 아무 말도 하지 않고 내 이야기를 들어주는 것만으로도 큰 감사를 느꼈다고 하고, 상대방이 중간에 말을 하지 않으니까 자기 이야기가 계속해서 술술 흘러나오는 것을 경험했다고 합니다. 또 들어준 사람은 5분 동안 아무 말도 하지 않는 것이 쉽지 않았다고들 하지요.

평소 우리는 상대의 이야기를 듣는다고 하지만 실제로는 이야기를 끊고 자기 이야기를 하거나 조언이나 위로하는 말들을 하는 경우가 많습니다. 그러니 단지 5분을 들어주는 것인데도 아무 말이나 리액션 없이 듣기만 하려니 그 시간이 무척 길게 느껴진다고 하는 사람들이 많지요. 가끔은 듣는 입장에서 상대가 아무 말을 하지 않으니 불안하기도 하고 약간 불편했다고 하는 소감을 표현하는 경우도 있습니다. 어떤 것이든 다 좋습니다. 이 활동을 통해 내가 평소에 어떻게 듣고 있는지를 알아차릴 수 있다면 충분합니다.

학생들과 함께하는 경청하기 연습

●

학생들과 함께 다음과 같이 경청하는 활동을 연습해 보세요.

1. 둘씩 짝을 짓는다. 1분 동안 한 사람이 이야기를 한다. 듣는 사람은 이때 딴청을 한다. (교사는 1분이 지나면 타이머나 종을 울려서 그만 듣도록 한다)
2. 다시 이야기를 이어서 하도록 한다. 이번에는 듣는 사람이 가슴으로 듣는다는 마음을 가지고 적극적으로 경청을 하면서 듣는다. (이때는 들을 시간을 5분 정도로 길게 준다)
3. 역할을 바꾸어서 위의 1, 2번 활동을 똑같이 하게 한다.
4. 두 가지 경험을 비교해서 관찰, 느낌, 욕구를 찾아 칠판에 적어 본다.

이 활동을 하고 나서는 반드시 학생들과 다음의 대화를 나누면서 마무리를 해주세요.

교사 : 첫 번째 경우에는 친구가 어떤 행동을 했지?

학생 : 친구가 나를 쳐다보지 않았어요, 벽에 있는 시계를 쳐다봤어요, 책상만 바라봤어요.

교사 : 그때 느낌이 어땠어?

학생 : 무안했어요, 서운했어요, 불안했어요, 민망했어요, 섭섭했어요.

교사 : 그때의 너의 욕구는 뭐였을까?

학생 : 존중이요, 소통이요, 친밀함이요, 우정이요, 따뜻함이요, 자기표현이요.

교사 : 두 번째 경우에는 친구가 어떤 행동을 하면서 들었지?

학생 : 나를 계속 쳐다봤어요, 맞장구를 쳐주었어요, 고개를 끄덕끄덕였어요, 몸을 나한테 기울이고 들었어요.

교사 : 그때는 느낌이 어땠어?

학생 : 편안했어요, 고마웠어요, 용기도 났어요, 안심이 됐어요.

교사 : 그때 충족된 욕구는 뭐였을까?

학생 : 안심이요, 자유로움이요, 연결이요, 소통이요, 배려요.

공감하며 듣기

●

상대의 느낌과 욕구를 추측하면서 듣는 활동입니다. '지금 이 사람의 느낌은 무엇일까? 이 사람이 지금 원하는 것은 무엇이지?' 하는 생각으로 적극적으로 들으면서 추측해 봅니다. 물론 내가 추측한 것이 정답은 아닙니다. 답은 상대만이 알 겁니다. 하지만 이렇게 들을 때는 상대방의 속마음을 이해하면서 듣기 때문에 상대의 표현에 자극받지 않고 진정으로 상대가 원하는 것에 초점을 맞춰서 들을 수 있습니다. 그 결과 깊이 있는 공감과 연결로 이어질 수 있습니다.

1. 존재로 있기 : 침묵을 유지한 채 2분씩 서로 번갈아가며 이야기한다.
2. 이해하면서 듣기 : 상대의 느낌과 욕구를 추측하면서 들어본다.
3. 상대방의 욕구 에너지와 연결하면서 들어본다.
4. 서로의 소감을 나눈다. 1, 2, 3의 경험이 어떻게 달랐는지 이야기해 본다.

화의 원인
알아차리기

우리는 왜 화가 나는 걸까요? 비폭력대화에서는 화의 원인을 우리의 생각과 신념에서 찾습니다.

한번은 수업 중에 벌컥 화를 낸 적이 있습니다. 그것도 '청소년을 위한 소통의 대화' 수업에서 말이에요. 저는 자유학년제 주제 선택 과목으로 비폭력대화 내용에 기반을 둔 소통의 대화 수업을 개설해서 진행하고 있습니다. 그런데 이 수업 도중에 머리끝까지 화가 난 거죠. 아이들 앞에서 한 학생에게 큰소리로 야단을 치면서 비난하는 모습을 보이고 나니 후회스러웠습니다. 잠시 쉬고 나서 아이들 앞에서 고백했지요. 아직 선생님 마음이 속상하다고, 그리고 그렇게 표현한 나의 모습이 아쉽다고 말이에요. 그랬더니 아이들이 "비폭력대화로 같이 풀어봐요!" 하고 말합니다. 그래서 우선 제 마음을 칠판에 관찰, 느낌, 욕구, 부탁으로 써봤습니다.

- 관찰 : A가 과제를 다 마치지 않은 상태에서 쉬는 시간 종이 치자
  마자 '매점 가자'라고 말하면서 일어나는 모습을 보았을 때,
- 느낌 : 나는 무척 화가 나고 섭섭하고 답답했어.
- 욕구 : 존중과 배려, 질서가 나에게는 무척 중요하거든. 선생님이
  랑 약속한 것이 지켜지기를 바랐다는 말이지.
- 부탁 : 다음에는 그럴 때 선생님에게 매점 먼저 다녀와서 다시 해
  도 될지에 대해 물어봐줄 수 있을까?

이렇게 써놓고 나서 그대로 그 아이에게 다시 말로 표현해 보았
죠. 이번에는 어떻게 들리냐고 물어보니 좀 더 편안하게 들린다고
하더군요. "너는 그때 어떤 마음이었어? 선생님이 너의 행동을 이
해하고 싶어서 그래." 하고 물었더니 "매점에 다녀와서 마저 끝내
려고 했어요."라고 합니다. 그런데 저는 '이 아이는 선생님의 지시
를 따르지 않고 제멋대로 하는 아이로구나!' 하는 생각을 하면서
화가 났던 거지요.

화가 날 때는 반드시 '~ 해야 한다'는 강한 신념이나 생각이 있
어요. 분노의 원인은 바로 그 사건이 아니라 나의 생각에 있다는
거지요. 이것을 인식하는 것이 매우 중요한데, 그 생각 뒤에는 우리
가 가진 매우 소중하고 아름다운 욕구가 있기 때문이에요. 위의 사
례에서 저에게는 '학생은 선생의 말을 들어야 해'라는 평소의 생각
이 있었어요. '버릇없는 아이는 바로 잡아야 해'라는 생각이 작동

했을 수도 있겠죠. '저 아이는 나를 무시하고 있다'라는 생각도 들었고요.

학생들에게 화가 나는 경우는 주로 우리의 도덕적 판단이나 평소의 신념에 따라 '저 행동은 잘못되었어'라는 생각으로 내 머릿속이 꽉 찰 때 일어납니다. 교사는 학생을 '제대로 지도해야 한다'는 의무감이 있기에 학생들에게 화를 내면서 스스로를 정당화하기도 하지요. 화를 내고 나면 서로 기분도 엉망이 되고, 꼭 그렇게 했어야 했나 하는 후회가 밀려오기도 하지요. 그렇다고 학생들을 잘 지도하고 올바른 길로 인도하고픈 교사의 마음이 잘못된 것은 아닐 텐데 말이에요. 이때는 '정말 내가 이 학생을 돕고 싶구나, 내가 이 학생을 정말 사랑하는 마음에서 이 행동을 하고 있구나' 하는 우리 마음의 '기여'와 '사랑'의 욕구 에너지를 먼저 인식하시길 바랍니다. 이런 에너지에서 나오는 말과 행동은 '저 아이를 고쳐놔야 해'라는 생각에서 나올 때의 말과 행동과는 분명 다르기 때문이에요.

어느 해 수련회를 갔을 때의 일입니다. 학생 한 명이 사찰로 올라가는 버스 안에서 "나는 절에 가면 스님의 이마빡을 때릴 거야."라고 크게 이야기하는 소리가 들렸어요. 주의를 주었지만 그 아이는 같은 말을 여러 번 반복했지요. 급기야 다른 아이들이 그 말을 듣고 웃기 시작하자 같은 버스에 타고 있었던 주민들이 쳐다보는 모습을 보며 저는 점점 화가 나기 시작했어요. 교사로서 얼른 이 상황을 바로잡아야겠다고 생각했고, 저 아이를 제대로 가르쳐야겠다는 생각이 들었지요.

　그때 저의 머릿속을 가득 채운 생각은 '굉장히 버릇없는 아이구나', '정말 이상한 아이다'였답니다. 화가 났을 때는 내가 지금 어떤 생각을 하고 있는지 여과 없이 다 살펴보는 것이 매우 중요해요. 왜냐하면 그 안에는 중요한 욕구가 숨어 있기 때문이지요. 내 안에 있는 비판적인 생각들만 그냥 흘려보내면 그 생각들 뒤에 정말 중요한 욕구들을 살필 기회를 놓치게 됩니다. 순간, 내 안에 또 다른 생각이 없나 하고 찾아보니 '저 아이는 나를 무시하고 있어', '친구들에게 관심을 끌려고 일부러 저러는 것 같다'라는 생각도 있다는 걸 알 수 있었어요. 평소에 제가 그 학생에게 가지고 있던 판단이 작용한 결과인 듯했습니다. 이 중에서 저에게 가장 자극이 되었던 것은 '저 아이는 나를 무시하고 있어'라는 생각이었어요. 그리고 '정말 이상한 아이다'라는 생각이 그다음이었죠. 비폭력대화의 분노 프로세스에 따라, 이번에는 이 문장들을 따옴표 안에 넣어서 나에게 다시 말해 보았어요.

　"내가 '저 아이는 나를 무시하고 있어'라고 **생각하면서 고통스러워하고 있구나.**"
　"내가 '저 아이는 정말 이상한 아이다'라고 **생각하면서 괴로워하고 있구나.**"
　"내가 '저 아이는 굉장히 버릇이 없구나'라고 **생각하면서 힘들어하**

고 있구나."

이때 중요한 것은 '생각하면서 힘들어하고 있구나'라는 부분을 더 강조해서 말해 보는 것이에요. 이것이 나의 생각임을 알아차리려고 하는 것이기 때문이죠. 그러고 나니 그 생각을 나와 조금 분리해서 바라볼 수 있게 되었어요. 그 생각은 진실이나 진리가 아니며 나의 해석이고 생각일 뿐이라는 것을 알아차리면 상황이 조금 달라진답니다.

그 생각들 뒤에는 어떤 욕구가 있는 것일까요? 배려와 존중이 가장 먼저 떠올랐어요. 교사에 대한 존중이 가장 먼저였겠지만, 함께 타고 있는 승객들과 친구들에 대한 존중, 스님에 대한 존중 등이 모두 포함되어 있었지요. 또한 '도대체 저런 말을 왜 하는 걸까?' 하는 의문이 들었던 것을 보면 그 아이를 이해하고 싶기도 했던 것 같아요.

이때 욕구를 찾게 되면 잠시라도 그 욕구의 에너지와 함께 머물러보는 것이 중요합니다. '아, 나에게는 정말 배려와 존중이 중요했구나, 그리고 그 아이를 제대로 이해하고 싶었구나.' 하며 그 상황을 다시 떠올리면서 지금 내 몸과 마음의 느낌이 어떤지 살펴봅니다.

그러고 나니 이제는 그 아이가 그렇게 이상하게만 보이지는 않았습니다. '어떤 마음으로 그런 말을 한 것일까?' 하는 호기심이 생긴 것입니다. 아이의 솔직한 생각과 마음을 알고 싶고, 좀 더 그 아이를 이해하고 싶다는 쪽으로 저의 에너지가 달라진 것이죠.

한번은 SNS에 이런 글을 쓴 적이 있어요.

오후에 NVC 워크숍이 있어 연남동에 왔다. 워크숍 시작 전에 혼자만의 시간을 즐기고 싶어서 한 카페에 들어갔다. 공간은 마음에 들었는데 주문한 커피와 빵이 한참을 기다려도 나오지 않아 다시 문의해 보았더니 점원이 내 주문을 잊어버렸다는 것이다.
그 순간 나는 '어떻게 주문을 잊을 수가 있어?' 하는 생각이 들어서 짜증이 팍! 났다.
미안하다면서 얼른 준비해 주긴 했는데 이번엔 빵이 너무 맛이 없다. 게다가 주문하지도 않은 빵을 사과의 의미로 하나 더 줬는데, 난 지금 다이어트 중이라 더 받은 빵이 전혀 반갑지 않은 상황이었다. 다행히 나는 그때 자극과 원인을 구분할 수 있었다. 점원이 내 주문을 잊은 것은 나에게 자극이었을 뿐 내 느낌의 원인은 아니다.
난 그때 배가 고파서 간단한 음식을 원했고, 워크숍 전에 잠시나마 혼자만의 시간을 원하고 있었던 것인데, 예측가능성이 충족되지 않아서 짜증이 났던 것이다.
이것을 깨닫고 나니, 워크숍 전에 남아 있는 소중한 순간을 충분히 즐기고 나의 배움의 기회로 삼고 싶다는 쪽으로 마음이 바뀌었고, 그 결과로 이 글을 쓰고 있다. 이제 신나게 공부하러 가자!

원했던 것이 예상대로 이루어지지 않아서 속상하긴 했지만, 내가 원한 것이 혼자만의 시간을 충만하게 보내고 싶었던 것이라면 혼자 화를 내면서 그 시간을 다 보내버리고 싶지 않다는 쪽으로 마음이 바뀐 것이죠. 여기서 상대에게 다시 뭔가를 부탁할지, 아니면 나 스스로 내 욕구를 충족할 수 있는 방법을 찾아서 자기 부탁을 할지는 선택할 수 있는 것입니다.

생각 알아차리기 명상

●

차분한 마음으로 다음과 같이 활동을 진행해 보세요.

자, 오늘은 생각 알아차리기 명상을 해봅시다.

허리는 곧게 펴고 몸은 편안하게 힘을 빼고 앉아봅시다.

눈을 감아보세요.

지금 나의 호흡이 어디에서 느껴지는지 한번 찾아봅니다.

천천히 숨을 들이마시고, 천천히 숨을 내쉽니다. (3회 반복)

이제 본인의 속도에 맞게 편안하게 호흡합니다.

문득 생각이 떠오르면 마음속으로 '생각'이라고 말해 보세요.

그런 다음 다시 호흡으로 주의를 돌립니다.

다시 또 생각이 떠오르면 역시 '생각'이라고 말해 봅니다.

그리고 나서 다시 호흡으로 돌아오면 됩니다.

분노 표현하기 연습[*]

●

　최근에 화가 났던 일 하나를 떠올려보고 그때의 상황을 관찰로 적어봅니다. 상대에 대한 비난이나 평가하는 말들을 내려놓고, 어떤 일이 있었는지 사실 위주로만 적어보세요.

_____

_____

1. 우선 멈추고 호흡에만 잠시 집중합니다.

2. 우리를 화나게 하는 생각을 찾아서 적어봅니다. 그때 나를 화나게 했던 상황에서 떠오른 생각들을 가감 없이 최대한 찾아서 다 써봅니다.

_____

_____

_____

_____

* 　마셜 로젠버그, 《비폭력대화》(한국NVC센터)를 참고하였습니다.

3. 생각 뒤에 숨어 있는 우리의 욕구를 찾아서 적어봅니다(134쪽 욕구 느낌 목록을 보면서 최대한 여러 가지 욕구를 다 찾아서 적어봅니다). 차분하게 욕구 목록을 하나하나 읽어가면서 점검해 보면 처음에 발견하지 못했던 욕구들을 계속 찾아가게 될 겁니다.

_____

_____

_____

4. 지금의 느낌과 욕구를 문장으로 표현해 봅니다. 나의 욕구를 찾고 난 이후의 느낌을 알아차려봅니다. 처음에는 화가 나고, 격분한 느낌 등 2차적 감정이었겠지만, 욕구를 찾고 나면 아쉬운, 안타까운, 슬픈, 속상한 등과 같은 1차적인 감정을 찾을 수 있습니다.

_____

_____

_____

5. 4단계에 적은 문장을 상대에게 말이나 글로 표현해 볼 수 있습니다. 만약 이렇게 찾는 과정에서 화가 사라졌거나 굳이 지금 말할 필요가 없어졌다면 그냥 여기서 마무리하면 됩니다.

행복한 교사로 살기 위한
마음의 균형 잡기

Part 4
—
마음챙김 교사로
살아가기

Mindfulness for Teachers

모닝페이지로
마음챙김하기

아침에 일어나서 제가 가장 먼저 하는 일은 모닝페이지를 쓰는 일입니다. 모닝페이지는 줄리아 카메론(Julia Cameron)이 《아티스트 웨이》라는 책에서 제시한 창조성 회복의 방법입니다. '창조성과 마음챙김이 무슨 관계인가?' 하는 의문이 들 수도 있지만, 아침마다 쓰는 모닝페이지는 일종의 명상입니다. 그것도 아주 효과적인 명상이지요.

자기 전에 저는 모닝페이지 공책과 필기구를 머리맡에 놓고 잡니다. 그래야 아침에 일어나자마자 쓸 수 있기 때문이죠. 모닝페이지는 매일 아침 떠오르는 자신의 생각을 아무런 필터링 없이 그대로 써내려가는 방식이에요. 이때 절대로 글을 잘 쓰려고 고민하거나 표현을 다듬거나 하지는 않습니다. 그냥 머릿속에서 떠오른 생각과 지금 내 마음의 고민을 가감 없이 있는 그대로 써내려가는 것이 핵심입니다. 《아티스트 웨이》라는 책에서는 심지어 자기가 쓴 글을 처음 두 달 동안은 아예 읽어보지도 말라고 해요. 아무 말 대 잔치가 되더라도 매일 세 페이지를 무조건 쓰는 것이 무척 중요하 답니다.

이렇게 하다 보면 재미있는 현상이 일어납니다. 내 마음의 찌꺼 기가 다 튀어나오기 시작하거든요. 이렇게 온갖 부정적인 생각과 감정을 다 쏟아내면서 정화가 일어납니다. 심지어 모닝페이지를 쓰다가 펑펑 울었다는 사람도 많습니다. 모닝페이지 쓰기가 습관 이 되면 며칠 동안 모닝페이지를 쓰지 못했을 땐 마음이 답답하 고 느낄 정도로 모닝페이지의 힘은 큽니다.

물론 어떤 날은 쓸 말이 잘 생각나지 않을 때도 있어요. 그럴 때 는 그냥 '생각이 안 난다'라는 말만 계속 써나가도 됩니다. 신기한 것은 처음 한두 장 쓸 때는 주로 표면적인 생각들을 적게 되지만, 세 번째 페이지쯤에서는 숨어 있던 속마음이 나올 때가 많다는 겁 니다. 평소에는 깊이 접속하지 못해서 떠오르지 않았던 기억이나 통찰이 마구 쏟아져 나오기도 하지요. 저는 이 과정에서 무척 많은 깨달음과 지혜를 얻었어요. 나와 깊이 대화한다는 기분이 드는 소 중한 시간이었지요.

모닝페이지는 자신의 생각을 그대로 적어내는 것이라서 내 의 식의 흐름을 고스란히 볼 수 있게 되고, 내가 주로 하는 생각이 무 엇인지, 내가 지금 어떤 것들을 염두에 두고 있는지 알 수 있습니다. 계속 쓰다 보면 반복적으로 등장하는 주제가 있고, 쓰면 쓸수록 내가 어떤 사람인지 잘 알 수 있게 되죠. 이 책에도 제가 모닝페이지에 적어두었던 아이디어나 생각들이 많이 들어가 있습니다. 이처럼 모닝페이지를 계속 기록해 두면 나중에 훌륭한 글감이 되기도 합니다.

모닝페이지는 자기 치유의 수단이기도 하고 창조성의 원천이기도 합니다. 저는 이와 더불어 나의 생각을 있는 그대로 적어나가는 기록으로서의 모닝페이지, 생각을 알아차리고 관찰하는 도구로서의 모닝페이지를 강조하고 싶어요. 모닝페이지를 쓰다 보면 처음에는 내 안에 숨어 있는 검열관을 발견하게 되거든요. 내 안의 검열관이란 내가 나를 규정짓고 있는 생각들, 내가 나의 한계를 지어 놓고 앞으로 나아가지 못하도록 방해하는 것들을 말해요. 처음에 막 떠오르는 대로 쓰다 보면 생각보다 내가 나에 대해서 하고 있는 부정적인 판단이나 두려움, 걱정, 불안들이 많다는 것을 알게 됩니다. 이건 이래서 못 하고, 이럴 때 내가 이렇게 행동하면 안 되었는데 하면서 스스로 한계를 긋고 있는 모습을 발견하게 되지요. 그런 생각들을 있는 그대로 다 쏟아놓고 나면 알아차림이 오는 순간이 있어요. '아! 내가 나를 이렇게 스스로 막아두고 있었구나! 내가 나를 이렇게 바라보고 있었구나!' 하고요.

생각이라는 것은 그것이 내 생각일 뿐이라는 것을 인식하는 순간 별것 아닌 것이 됩니다. 객관화가 되는 거지요. 저도 제 생각이 진리인 것처럼 믿고 있던 시절이 있었고, 내 생각이 맞다는 것을 증명하기 위해 누군가와 갈등을 일으키거나 내 생각대로 이루어져야만 직성이 풀리던 순간이 많았습니다. 그런데 이제는 머릿속이 복잡해질 때 나만의 생각에 빠지지 않고 얼른 알아차리려고 노력합니다. '아, 지금 내가 나만의 생각 속에 또 빠져 있구나. 이것은 나의 생각일 뿐이구나.' 하고 알아차리는 순간, 우리는 다른 각도로 세상을 바라볼 수 있게 되지요.

모닝페이지를 활용해서 '표현적 글쓰기'라는 이름으로 학생들을 지도하시는 양미연 선생님은 학생들에게 내 생각과 느낌을 솔직하게 쓰기, 내가 쓴 글을 다른 사람에게 보여주지 않기, 주어진 시간 동안 가능하면 멈추지 않고 쓰기라는 세 가지 약속을 하고 글쓰기 활동을 합니다. 예를 들어, "오늘은 이미 지나간 일이지만 지금도 생각하면 속상한 일에 대해서 적어볼 거예요."라고 안내한 뒤 15분 정도 시간을 주고는 멈추지 않고 계속 쓰도록 합니다. 학생들이 쓴 글은 마지막에 뭉쳐서 버리기도 하고, 찢고 싶은 사람은 찢어버릴 수 있도록 하기도 한답니다.
이 프로그램을 만드신 양미연 선생님은 가끔 속상한 일이 있을 때, 정말 화가 나서 감정이 북받쳐 오를 때 조용히 카페에 앉아 이렇게 글을 쓰신다고 해요. 종이와 펜만 있으면 언제 어디서든 할 수 있는 활동이죠.

　모닝페이지라고 해서 꼭 아침에만 써야 한다는 법은 없습니다. 속상한 일이 있거나 감정이 북받쳐 오를 때 해볼 수도 있습니다. 종이와 펜만 있으면 언제든 내 상황에 맞게 30분 정도 시간을 내어 나의 의식의 흐름을 고스란히 쏟아내보는 겁니다. 그러고 나면 어느새 개운해져 있는 머리와 마음을 발견할 수 있고, 비움과 새로움의 상태에서 또다시 앞으로 나아갈 수 있는 에너지가 생깁니다.

모닝페이지 쓰기

●

다음과 같이 모닝페이지 쓰기를 실천해 보세요.

1. 마음에 드는 노트를 한 권 마련한다.

2. 아침에 눈을 뜨자마자 노트를 편다.

3. 어떤 말이든 머리에 떠오르는 생각을 무조건 쓴다.

4. 세 페이지가 될 때까지 펜을 떼지 않고 계속 쓴다.

지금 내 머릿속에는 지금 어떤 생각이 떠오르나요? 있는 그대로 모두 적어보세요. 잘 쓰려고 애쓰거나 노력하지 않아도 됩니다. 그냥 지금의 생각을 쓰면 됩니다.

매일매일
의도 세우기

의도를 세운다는 것은 어떤 의미일까요? 내가 하는 일의 방향을 설정하는 것, 내가 하는 모든 말과 행동이 어디를 향하고 있는지를 아는 것입니다. 아침마다 세우는 오늘의 의도는 나침반에 비유할 수 있습니다. 내가 길을 잃고 헤맬 때 가야 할 방향을 알려주는 나침반처럼 선한 의도를 품고 하루를 살아간다면 분명 우리의 도착점은 달라질 거라 믿습니다.

저는 가끔 그날의 의도를 세우고 SNS에 공표를 합니다.

"1교시 수업이 없어서 잠시 자기돌봄의 시간을 가졌다. 모닝페이지를 쓰고 아침 명상으로 산뜻하게 하루를 시작하였다. 그러면서 오래오래 아름다운 풍요의 여신으로 살겠다는 내 삶의 의도를 세워보았다. 이 순간의 다짐을 깊이 간직하고 싶어서 셀카도 찍어보았다."

"오늘의 의도 세우기. 바쁜 하루가 예상되는 오늘 일정을 생각하니 일단 부담감이 올라왔다. 내 욕구는 편안함과 사랑이다. 친구가 아침에 보내준 글귀를 마음에 담아본다.

'기분이 좋을 때는 사랑하고 있는 것이다. 기분이 나쁠 때는 사랑하고 있지 않은 것이다.'

사랑으로 자연스럽게 흘러가는 하루이기를 바라면서 사랑이라는 의도를 세워본다."

"인쇄실에서 2학년 수행평가 활동지를 인쇄하면서 오늘의 의도를 세워보았다. 오늘 하루 복을 짓는 마음으로 살아가야지. 말 한마디, 행동 하나를 하더라도 이 마음으로 해봐야지."

의도 세우기를 공개적으로 선언하면 책임감이 생겨서 잊지 않으려는 노력을 하게 됩니다. 이렇게 의도를 아침에 씨앗처럼 심어두면 하루의 열매로 돌아오는 기쁨을 누릴 수 있지요.

저는 보통 아침에 출근할 때 집을 나서면서 의도를 세우는데, 출근한 이후에 모닝커피 한 잔을 마시면서 세워보기도 하고, 그도 안되면 첫 수업에 들어가기 직전에 세워보기도 합니다. 의도 세우기를 한 날은 확실히 마음가짐이 정돈되며 의욕을 갖고 하루를 시작하게 되죠. 그러다 보면 사소한 일에 짜증을 덜 내게 되는 제 모습을 발견하게 됩니다. 다소 힘든 상황이 오더라도 그날의 의도를 떠올리면서 또 다른 선택을 할 수 있는 힘이 생깁니다.

좀 더 구체적인 의도를 세울 수도 있습니다. 오늘은 점심을 먹고 나서 바로 업무를 하지 않고 10분 휴식 시간을 가져야겠다는 의도, 내 몸에 긴장이 느껴질 때 턱을 살짝 내리고 느슨하게 해보겠다는 의도, 수업 시간 중 한 명 이상에게 진심 어린 칭찬을 해주겠다는 의도 등을 세워보는 거지요. 이처럼 아침마다 나를 돌보기 위한 작은 행동, 마음챙김을 위한 실천 한 가지를 의도로 세워보는 것은 어떨까요?

또 다른 의도 세우기 활동도 있습니다. 예를 들면 오늘 내가 만나는 사람들 중에 한 명을 정해서 그 사람 안의 선하고 귀한 면을 찾아보겠다는 의도를 세우는 것입니다. 함께 근무하는 동료 교사나 우리 반 학생, 가족 등 누구라도 좋습니다. 그렇게 그 사람을 보려고 할 때 발견되는 것이 무엇인지 알아차려봅니다. 그리고 그런 생각을 갖고 하루를 보낼 때 나와 그 사람 사이의 상호 작용에 어떤 변화가 있는지도 살펴보는 거죠. 이렇게 일주일 정도 해보고 나서 어떤 것들을 깨달았는지, 삶이 어떻게 변하는지도 적어보면 좋겠지요.

마음속으로 오늘의 학생을 한 명 정한 뒤 하루를 시작해도 좋습니다. 그 학생을 좀 더 주의 깊게 관찰해서 그 아이의 귀한 면을 발견하고 표현해 준다면 얼마나 아름다운 일일까요? 꼭 말로 표현하지 않아도 아이들을 대하는 우리의 에너지가 달라질 겁니다. 이 활동을 할 때 마음속으로 다음과 같은 문구를 떠올려보세요.

나처럼 이 학생의 몸과 마음에서도 많은 일들이 일어나고 있다.
나처럼 이 학생도 행복하게 살아가기를 원하고 있다.
나처럼 이 학생도 어려움을 겪으며 살아가고 있다.
나처럼 이 학생도 조화롭고 균형 있는 삶을 원한다.

처음 이 활동을 시작할 때는 내가 좋아하는 사람들부터 해도 좋습니다. 그러다가 잘 모르는 사람이나 나에게 좀 힘겨운 사람을 대상으로도 해보기를 권합니다. 우리 반에서 가장 나를 힘들게 한다고 생각되는 학생을 대상으로 해보면 정말 큰 변화가 있을 거라 확신합니다. 이 활동이 어느 정도 익숙해지면 일상 속에서 누구에게나 그 사람 마음속에 있는 선함과 고귀함을 발견할 수 있을 겁니다.

저는 오늘을 동료 한 분의 선함과 고귀함을 찾아보는 날로 삼았습니다. 저와는 수업 스타일이나 성격이 많이 달라서 그다지 친밀한 관계는 아니었던 분입니다. 아침에 먼저 반갑게 인사를 건네고 "어머, 이발하셨어요? 더 깔끔해 보이네요." 하면서 변화된 외모에 대해 알아봐드렸더니 쑥쓰러워하시면서 고맙다고 하시더군요. 그러고는 평소처럼 근무를 했는데 오후에 견과류가 담긴 간식 한 봉지를 건네주시는 겁니다. '아, 이 분도 나처럼 선생님들과 친밀함을 나누며 근무하기를 원하시는구나.' 하는 생각이 들었죠. 평소에 조용히 지내는 것을 선호하는 분이라고 생각해 별로 말도 안 걸었는데 한편으로는 외로웠을 것 같다는 마음이 들었습니다. 최근에 제가 부탁한 업무들을 책임감 있게 수행하려고 노력하셨던 모습에 대한 감사함이 올라오면서 학교 일들을 좀 더 마음 터놓고 의논해 봐야겠다는 생각이 들더군요.

우리는 얼마나 자주 이렇게 멈춰서 상대의 선함을 발견하는 의도를 세우고 있을까요? 나에게 베풀어주는 그 많은 사랑의 말과 행동은 보지 못하고 상대의 결점이나 나를 불편하게 한다고 여기는 작은 행동에만 초점을 두고 있지는 않았는지 돌아보게 됩니다.

의도 세우기

●

오늘 당신은 어떤 의도를 세워보고 싶은가요?

_____

_____

_____

_____

오늘 당신은 누구의 선함을 발견하는 날로 삼고 싶은가요?

_____

_____

_____

(하루를 마치며) 오늘 내가 발견한 그 사람의 선함과 고귀함은 무엇이었나요?

_____

_____

_____

_____

출근길
마음챙김

　마음챙김은 가만히 앉아서 할 수 있는 것만은 아닙니다. 매일 하는 출근길에서도 마음챙김을 할 수 있다면 하루를 훨씬 산뜻하게 시작할 수 있습니다.

　출근길에 할 수 있는 마음챙김은 우선 학교까지 가는 길에서 보이는 상황에 호기심을 가지고 주의를 기울이는 것입니다. 오늘 새롭게 다가오는 풍경들이 있는지 한번 살펴보세요. 계절의 변화에 따라 거리의 풍경이나 사람들의 옷차림도 달라질 테고요, 전에는 전혀 눈에 띄지 않았던 것들을 발견하게 될 수도 있습니다. 저는 주로 걸어가면서 눈에 들어오는 간판들, 가로수의 잎사귀, 지나가는 사람들의 모습, 아침 공기의 온도와 바람이 스치는 느낌, 자동차의 경적, 새가 지저귀는 소리 등에 오감을 활짝 엽니다. 어떤 날은 집중해 볼 대상을 정하기도 합니다. 오늘은 들려오는 소리에만 집중해 보자거나 어떤 색을 집중해서 발견해 보자는 식으로 해보는 거죠.

저는 집에서 학교까지 도보로 15분 정도 걸립니다. 매일 아침마다 걷기 명상을 하기에 아주 좋지요. 하루는 걸으면서 색깔 명상을 해보자고 마음을 먹었어요. 처음 눈에 들어온 가로수들을 보며 오늘은 '초록 명상'을 해야겠다고 생각했죠. 중간에 생각이 떠오르거나 주의가 다른 곳으로 갈 때마다 알아차리고 다시 초록색으로 돌아가려고 의식적인 노력을 해보았어요. '초록'이라는 단어나 관념이 아닌, 눈에 보이는 바로 저 색깔에 주의를 두는 행위가 신선하게 다가오더군요. 뭔가 발견해 가는 과정이 세상을 새롭게 탐험하듯 흥미로웠고, 어린아이가 된 듯 모든 것이 신기하고 처음 본 것처럼 호기심으로 다가왔어요.

한 번도 바라보지 않았던 나무 밑동에 붙어 있던 작은 초록색 잎들을 발견한 순간, '아, 여기에도 식물들이 살고 있었구나. 한 번도 눈여겨보지 않아 여기에 있다는 것조차 의식하지 못했구나.' 하고 깨닫기도 했지요. 문득 눈길을 위로 돌리자 불쑥 시야에 들어온 학교 담장의 담쟁이도 새롭게 보였고, 교문을 들어선 순간부터는 풍성하게 펼쳐진 초록의 향연에 마음이 풍요로워졌던 아침이었어요. 그날 오전 내내 그 기분이 이어질 정도로 기억에 남는 경험이었습니다.

걷기 명상을 할 때는 너무 급하게 걷지 않고 조금은 천천히 걸으려고 노력해 보세요. 제대로 하려면 무척 천천히 걸어야겠지만 출근길에는 평소보다 조금 더 천천히 걷는다고 생각하는 정도면 됩니다. 걸을 때마다 '하나, 둘, 하나, 둘' 이렇게 마음속으로 숫자를 붙여도 좋습니다. 아니면 '왼발-오른발' 혹은 '지금-여기'라는 식으로 걸음을 내디딜 때마다 내가 정한 단어를 떠올리면서 걸어보세요. 이렇게 만트라를 활용하면 걷기에 집중하는 데 무척 도움이 됩니다.

걸을 때는 발바닥이 땅에 닿는 감촉을 알아차리려고 노력합니다. 뒤꿈치가 바닥에 닿을 때의 촉감, 발의 중간, 발가락 부분까지 땅에 닿는 것을 알아차리면서 걸어봅니다. 지구와 내가 연결된다는 느낌으로, 내가 땅과 단단히 붙어서 생활한다는 느낌으로 한 발자국씩 내딛는 겁니다. '지금-여기'라는 만트라를 하면서는 바로 이 순간만이 내가 진정으로 존재함을 느낄 수 있는 순간이라는 것을 떠올리면서 걸어보세요.

이동 중에 할 수 있는 명상 중 또 하나는 '숫자 세기 명상'입니다. 출근길에 만난 어떤 대상의 수를 세어보는 겁니다. 예를 들면, 가로수의 개수, 보도블록 위의 선, 버스 안의 승객 등을 세어보는 것도 좋습니다. 숫자를 세는 것에 집중하다 보면 복잡한 생각이 어느새 사라지는 순간을 경험하게 됩니다.

마지막으로, 출근길에 내 마음의 상태를 알아차리는 활동을 할 수도 있습니다. 어떤 소리가 들려올 때 '좋다, 싫다' 혹은 '어떻다'

고 판단을 하고 있지는 않은가요? 내가 지금 저 소리에 어떤 이름 표를 붙이고 있는지 한번 알아차려보세요. 학교에 늦을까봐 지금 내가 조바심을 내고 있나요? 만원 버스나 출근길 지옥철에서 몸이 부대끼는 상황에 짜증이 나나요? 버스가 오지 않아 답답하고 초조한가요? 저 역시 어딘가로 이동할 때 예상보다 버스나 지하철이 빨리 오지 않거나, 사람이 너무 많아서 혼잡할 때면 쉽게 짜증이 나곤 했어요. 이 훈련을 하면서 조금 달라진 점은 그 상황은 어차피 내가 바꿀 수 있는 일이 아니라는 것을 깨닫게 된 것이죠. 짜증 내는 나를 탓하고 바꾸라는 의미는 아닙니다. 그냥 지금 내가 짜증이 났다는 걸 알아차리고 잠시 토닥토닥해 주세요. 내가 짜증을 낸다고 해서 버스가 빨리 오지는 않을 겁니다. 버스가 몇 시에 도착할지는 우리가 결정할 수 없지만 기다리는 동안 내가 어떤 상태로 있을지는 선택할 수 있으니까요.

이제 나를 위해 잠시 미소를 지어보세요. 그리고 마음속으로 이렇게 빌어주세요.

오늘 하루 내가 평온하기를.

오늘 하루 내가 두려움보다는 사랑을 선택할 수 있기를.

오늘 하루 내가 만나는 사람들에게 친절한 마음으로 대할 수 있기를.

오늘 하루 누군가에게 따뜻한 말 한마디를 건넬 수 있기를.

오늘 하루 누군가에게 필요한 도움을 줄 수 있기를.

오늘 하루 누군가에게 받은 친절이나 도움에 감사할 수 있기를.

오늘 하루 나와 내가 만나는 사람들에게 즐거운 일이 있기를.

오늘 하루 나와 내가 만나는 사람들이 안전하고 건강하기를.

이렇게 출근길에 마음챙김을 한 날은 하루의 시작이 상큼합니다. 하루를 시작하는 에너지가 달라집니다. 어쩌면 하루 종일 영향을 미칠지도 모르지요. 그런 측면에서 출근길 마음챙김에 시간과 에너지를 들이는 것은 꽤 효율적인 투자입니다. 내가 걸어가는 길을 갑자기 크게 바꾸기는 어려워도 걸어가던 방향에서 단 1도만 바꾸어 걸어가면 먼 훗날 도착점은 달라져 있을 겁니다.

마음챙김
연습하기

출근길 명상

●

아침 출근길에 한 가지 명상을 해보고 새롭게 알아차린 것들을
적어보세요.

_____

_____

_____

_____

_____

_____

_____

_____

수업 전
마음챙김

　수업을 시작하기 전에 교사인 우리는 보통 어떤 상태일까요? 저는 컴퓨터 앞에서 업무를 처리하다가 수업 종이 치면 그제서야 교과서가 들어 있는 보조 가방을 들고 정신없이 계단을 올라가 교실에 들어서곤 했습니다. 들어가자마자 보이는 풍경은 제 눈엔 소위 난장판처럼 보일 때가 많았지요. 학생들이 서서 돌아다니고 교사가 들어와도 보는 둥 마는 둥 하거나 심지어 제가 들어왔다는 것을 전혀 알아차리지 못하는 학생들도 많았지요. 그러니 수업 시작 전부터 제 기분은 엉망이 되곤 했습니다. 짜증이 나서 "조용히 하고 자리에 앉아라."라는 말로 야단을 치면서 수업을 시작하니 제가 원하는 수업과는 전혀 다른 분위기가 되어버리곤 했지요. 근무하는 학교가 남자 중학교이다 보니 더욱 그랬을지도 모르지만 제게는 가장 큰 고민거리 중 하나였습니다.

그런데 요즘 저는 교실에 들어서기 전, 문 앞에서 잠시라도 멈췄다가 들어가려고 노력합니다. 교실 문 앞에서 단 2~3초 만이라도 멈춰 서서 심호흡을 한다면 어떤 일이 일어날까요? 오늘 하려고 하는 수업의 흐름을 떠올리고, 학생들과 연결하려고 하는 우리의 의도를 떠올려본다면 어떨까요? 방금 전까지 하던 일이나 생각 등을 멈추고 수업으로 나의 주의를 전환하는 것이지요. 그러고 나서 교실 문을 열고 들어서서 보이는 풍경을 있는 그대로 맞이합니다. 물론 보이는 풍경이 예전과 달라진 것은 아닙니다. 학생들은 여전히 떠들거나 돌아다니는 중이고 수업 준비가 전혀 되어 있지 않죠. 그러나 그것을 바라보는 우리의 마음가짐이 달라지면 이것을 잘못된 상황이라고 판단하지 않을 수 있어요. 그저 그 상황을 바라보고 수용할 수 있는 마음의 여유가 생깁니다. 학생들을 바라볼 때 화가 나서 야단치거나 고치려고 하는 마음이 일어나지 않는 거죠.

학생들도 저와 마찬가지일 겁니다. 당연하게도 지금 친구와 나누고 있는 대화나 자기가 하고 있던 일에 마음을 쏟고 있는 것이고, 아직 주의가 수업으로 전환되지 않은 상태인 것일 뿐 학생들이 이상해서라든가 버릇없어서가 아닌 겁니다. 그렇다고 아무런 지도 없이 수업을 시작하자는 것은 아닙니다. 이제 저는 학생들이 수업으로 주의를 전환할 수 있도록 돕는 여러 가지 방법을 활용합니다. 먼저 교실 중앙에 서서 잠시 기다립니다. 학생들을 바라보면서 1~2분 정도 시간을 주는 겁니다. 그러면 선생님을 발견한 학생들

중 일부는 자리에 앉으면서 수업 준비를 시작하지요. 물론 여전히 돌아다니는 학생들이 있을 수 있어요. 그러면 "이제 수업을 시작합시다. 자리에 앉아주세요."라고 차분한 목소리로 안내합니다. 이럴 때 종이나 땡사와 같은 도구를 활용하면 더 효과적이지요.

저는 주로 싱잉볼을 갖고 들어가 학생들과 함께 1분 명상을 하면서 수업을 시작합니다.

지금부터 선생님과 함께 1분 명상을 해볼까요?
여러분들이 지금 몸은 여기에 있지만 방금 전까지 친구와 나누던 대화에 아직 마음이 가 있을 수도 있고, 학교 끝나고 가야 하는 학원 숙제에 대한 생각에 마음이 가 있을 수도 있어요. 그러니까 지금 이곳으로 마음을 가져오기 위한 시간을 가져보는 겁니다.
자, 싱잉볼 소리에 귀를 기울이면서 천천히 호흡해 보세요. 숨을 천천히 들이마시고, 천천히 내쉽니다. 다시 한 번, 숨을 천천히 들이마시고 천천히 내쉽니다. 한 번 더, 숨을 천천히 들이마시고 천천히 내쉽니다. 너무 무리해서 천천히 하려고 할 필요는 없습니다. 그저 평소보다 조금만 더 깊이 들이마시고 조금만 더 천천히 내쉰다고 생각하면 됩니다.
싱잉볼 소리를 들으면서 소리의 끝을 따라가보세요. 어느새 내 마음이 고요해지면서 머릿속 생각이 사라지는 것을 경험할 것입니다.

이렇게 멘트로 안내를 하고는 그다음에는 아무 말 없이 싱잉볼을 10번 정도 쳐줍니다. 학기 초에 싱잉볼과 함께하는 1분 명상을 안내하면 학생들이 처음에는 약간 어색해 하면서 웃기도 하고 장난을 치려는 학생도 있습니다. 그러나 매 수업 시간마다 이렇게 하다 보니 이제 학생들도 수업 시작 전에 싱잉볼을 치기 시작하면 눈을 감는 것으로 알고 있지요. 1~2분 정도 이렇게 명상을 하면 자연스럽게 학생들의 에너지가 차분해지면서 수업 분위기가 조성되는 것을 볼 수 있습니다. 간혹 제가 깜빡 잊고 싱잉볼을 가지고 들어가지 않는 날에는 "선생님, 오늘은 왜 싱잉볼 안 가지고 오셨어요?"라고 하면서 찾는 아이들이 있을 정도로 학생들은 이 시간을 좋아하고 인상적으로 여기더군요.

수업을 시작하기 전에 싱잉볼을 치고 있으면 그 누구보다도 교사에게 도움이 됩니다. 학생들에게도 솔직하게 이야기하지요. "선생님을 위해서도 이 시간은 필요해요. 선생님도 싱잉볼을 치면서 마음이 차분해지고 편안해지거든요. 그래야 수업을 할 때 더 좋은 에너지로 여러분들을 대할 수 있겠죠?"라고 설명을 하면 학생들이 교사의 의도를 좀 더 잘 이해하게 되고, 선생님이 우리에게 더 좋은 것을 주려고 하시는구나, 우리에게 좋은 마음으로 대하려고 노력하시는구나 하고 교사에 대한 호감도가 높아지는 동시에 수업을 잘하고 싶은 교사의 마음이 더 잘 전달되는 것 같습니다.

수업을 시작할 때 출석을 부르는 활동도 매우 중요합니다. 학생들을 반 전체라는 하나의 덩어리로 보는 것이 아니라 한 사람 한 사람이 거기에 있다는 것을 확인하는 의미가 있기 때문이에요. 학생들은 선생님이 이름을 불러줄 때 선생님과 연결되는 기분을 느낍니다. 몸만 여기 있는 것이 아니라 교사와 눈을 마주치며 대답을 하는 과정에서 마음도 이곳에 올 수 있고, 학생 한 명 한 명을 소중하게 여긴다는 교사의 마음도 전달할 수 있습니다.

코로나로 인한 온라인 수업에서 출석을 부를 때는 학생들이 비디오를 켜고 얼굴이 노출되는 것을 무척 꺼려 합니다. 그래서인지 제가 이야기를 하고 있을 때 학생들이 함께 이곳에 있다는 느낌을 받기가 어렵더군요. 출석을 확인하기 위해 학생들의 이름을 한 명 한 명 부를 때 마이크를 켜고 '예'하고 대답하는 학생들의 목소리를 들으면 비로소 안심이 되고 연결되는 기분이 듭니다.

저는 수업을 시작할 때 학생들의 이름을 부르면서 비폭력대화에서 사용하는 느낌 욕구표를 코팅해서 나누어주고 "지금 너의 느낌은?" "오늘 충족하고 싶은 욕구는?" 등을 물어보기도 합니다. 학급 인원이 많은 경우에는 시간이 많이 걸리기 때문에 매번 하기는 어렵지만, 담임이라면 아침 조회시간에 이렇게 느낌 출석을 부르는 것만으로도 학생들의 마음과 연결될 수 있는 좋은 방법입니다.

수업을 시작할 때 교사가 주의해야 할 것 중 하나는 "조용히 해"라고 말하는 것입니다. 사실 수업에서는 학생과 교사가 활발하게 상호 작용을 하며 소통해야 하는데 학생들에게 교사가 수업의 시작부터 하는 말이 "조용히 해"라면 결국 우리가 추구하는 방향과는 상반되는 상황이 되는 것 아닐까요? 차라리 교사가 먼저 차분하게 학생들이 조용해질 때까지 아무 말 없이 기다려준다면 학생들이 서서히 말을 멈출 겁니다. 앞에서 언급한 것처럼 종을 치거나 수신호 등을 정하는 것도 좋지요.

'놀이위키'라는 교사놀이연구모임을 이끌고 계시는 허승환 선생님께서는 주의집중 신호의 원칙을 세 가지로 소개합니다. 선생님이 말을 하지 않아야 하고, 학생들이 하던 일을 멈춰야 하며, 모든 학생들이 선생님을 바라봐야 한다는 것입니다. 그 방법으로 박수를 짝짝 두 번 치고 왼손 검지손가락을 입술 앞에 가져다 대면서 '쉿!' 하는 동작을 하는 겁니다. 동시에 오른손은 펼쳐서 손가락을 하나씩 접으면서 카운팅을 합니다. 선생님의 동작을 먼저 본 학생들은 선생님의 침묵 동작을 똑같이 따라하도록 합니다. 혹시 따라하지 않는 친구들이 있다면 옆의 친구가 톡톡 건드려서 알려주도록 합니다. 이 방식은 전 세계적으로 교사들이 가장 많이 사용하는 주의집중 신호라고 합니다. 이때 주의할 점은 모든 학생들이 침묵할 때까지, 마지막 한 학생이 할 때까지 기다려주어야 한다는 겁니다.

수업을 어떤 분위기에서 시작하게 되는지는 무척 중요합니다. 수업을 시작할 때부터 선생님이 소수의 학생들 태도에 자극을 받아 그에 대한 부정적인 반응으로 말을 하기 시작해서 수업 시간의 상당 부분을 훈계나 훈육으로 보내는 것은 다른 학생들에게 무척 미안한 일이지요. 부드럽고 친절한 분위기로 시작하는 수업을 위해 선생님들도 학생들과 함께하는 마음챙김을 꼭 실천해 보시기 바랍니다.

■
수업 중
마음챙김
■

수업 전에 아무리 차분하게 수업을 시작했다고 해도 수업 내내 학생들이 정숙을 유지하면서 내 이야기에만 귀 기울여주는 시간은 그리 오래가지 않습니다. 그러니 수업 중에도 마음챙김은 필요합니다.

수업 중에 하는 마음챙김은 '자기 연결'과 '알아차림'이라는 두 가지가 핵심입니다. 수업을 하는 과정에서 학생들이 끊임없이 교사의 주의를 분산시키고 신경을 날카롭게 만드는 상황이 될 때, 몇 번의 주의 환기를 통해서도 수업 진행이 원활하게 이루어지지 않을 때 저는 혼란스러워지고 마음이 급해지며 힘을 써서라도 이 상황을 제압하고 싶은 유혹을 느낍니다. 그럴 때는 '잠시 멈출 수 있는지? 잠시 호흡할 수 있는지? 지금 내가 그러한 상태로 가고 있다는 것을 알아차릴 수 있는지?'를 의식하는 것이 중요합니다. 내 감정과 내가 하나가 아니라는 것, 내가 늘 하던 패턴으로 움직이려고 할 때 그것을 멈출 수 있는 힘. 그 능력을 키워주는 것이 바로 마음챙김이지요. 사실 이것은 평소 마음챙김을 연습했던 시간과 경험이 누적되어 있어야 필요할 때 그 능력이 발휘될 수 있습니다. 위급한 상황에서 이런 능력이 자연스럽게 나오도록 하려면 평소에 자주 멈추고 마음챙김하는 습관이 몸에 배어 있어야 하는 거죠. 그래서 매일 잠깐이라도 마음챙김하는 시간을 갖는 것이 중요합니다.

수업 중에 교사가 쓸 수 있는 방법으로는 '앵커링'이 있습니다. 우리가 호흡을 닻으로 여기고 그곳으로 돌아오려고 하듯이 교실 중 한 장소를 미리 정해 두는 것입니다. 예를 들어, 교사가 주로 교탁 앞에 서서 수업을 한다면 수업 중에 몹시 화가 나거나 감정이 격해진다는 것을 느낄 때 교실 한쪽 끝으로 걸어가서 잠시 서 있어보는 겁니다. 교탁 앞을 벗어나 잠시 다른 곳으로 이동해 서 있는 것만으로도 조금 다른 선택을 할 수 있는 힘이 생겨납니다. 초등학교 선생님들은 보통 자기 반에서 수업을 하시니 교실 내에 한 장소를 미리 정해 두면 좋을 것 같습니다. 저는 중학교라서 수업 때마다 다른 교실에 들어가니 교탁에서 왼쪽으로 걸어가 문 앞에 잠시 서서 심호흡을 합니다.

학생들에게도 미리 말을 해둡니다.

"선생님이 지금은 화가 나서 잠시 마음을 돌볼 시간이 필요해. 이곳에서 잠깐 호흡하고 돌아갈게."

학생들에게도 교사의 이런 모습은 매우 큰 의미가 있습니다. 화가 날 때 그저 자신의 감정대로 소리치거나 짜증을 내는 모습이 아닌, 잠시 멈춰서 호흡하는 어른의 모습. 우리는 과연 그런 모습을 자라면서 본 적이 있었을까요?

'지금-여기'로 돌아오라든가 '현존'하라는 말은 이미 앞에서 언급한 바 있습니다. 그렇다면 어떻게 해야 '지금-여기'로 돌아와서 현존할 수 있을까요? 그 방법은 과연 무엇일까요? 수업 중에도 나의 몸과 마음과 의식이 현존할 수 있다면 얼마나 좋을까요? 지금 내 앞에서 벌어지는 모든 일에 감각이 열려 있고, 학생들의 반응에 민감하고 적절하게 반응하며, 수업의 흐름을 의식하면서 자연스럽게 나의 의도대로 교실 내의 상황을 조절하는 것. 그것이 바로 우리가 바라는 것이 아닐까요?

내가 정해둔 자리로 가서 섰다면 우선 지금 내 눈앞에 보이는 것들에 초점을 맞추고 어떤 것들이 보이는지 알아차려봅니다.

'아, 여기 지금 책꽂이가 있구나. 색깔은 약간 갈색이고, 교실 벽은 옅은 회색으로 칠해져 있구나.'

이제 나의 내면으로 의식의 초점을 맞춥니다.

'나는 방금 저 학생이 내 이야기를 듣지 않고 계속 다른 학생과 이야기를 멈추지 않는 것을 보고 무척 짜증이 났구나. 몹시 화가 난다. 수업 시간에 저런 행동을 하는 것은 나를 무시해서 그러는 것은 아닐까? 라는 생각을 내가 지금 하고 있구나.'

잠시 눈을 살짝 감고 신체 감각으로 주의를 집중합니다.

'발이 바닥에 닿아 있구나. 책꽂이를 만져보니 책꽂이의 감촉이 약간 거칠구나.'

신체 감각으로 주의를 집중하는 것은 '지금-여기'로 돌아오는 가장 빠른 지름길입니다.

주의를 호흡에 두고, 가슴이 위로 올라오는 것을 느끼며 깊이 들이마시고, '후' 하고 입을 열어 소리를 내며 내쉬어봅니다. '후' 하고 내쉬는 호흡에 내 몸의 긴장이 빠져나간다고 상상하면서 몇 번 더 호흡을 해봅니다.

이와 같은 명상에 몇 분만 투자해도 그 효과는 어마어마합니다. 일단 후회할 말이나 행동을 하지 않을 수 있는 힘이 생깁니다. 학생들은 선생님의 이런 모습을 보면서 '아, 우리 선생님이 지금 많이 속상하시구나. 많이 화가 나셨구나.' 하고 알아차릴 수 있지요. 그리고 '화가 날 때 저렇게 할 수 있는 거구나.' 하고 배우게 됩니다. 자신의 마음을 알아차리고 스스로 조절하고자 노력하는 선생님의 모습을 보며 선생님에 대한 신뢰와 존경심이 저절로 생길 겁니다.

다음은 마음챙김 교사연습모임에서 함께 공부하고 있는 선생님의 생생한 사례 글입니다.

금요일 실과 시간이었다. 자전거의 구성 요소와 안전 지도에 관한 차

시였다. 아이들에게 자전거에 대한 경험을 물은 뒤 운을 뗐다.

"주로 부모님들이 자전거 관리를 해주시겠지만, 자전거를 스스로 관리하기 위해서는 알아야 할 내용들이 있으니까…."

그때 ☆☆이와 ○○이가 "난 아닌데, 난 내가 하는데…."라고 말을 했다. 사실 말 자체만 놓고 보면 아무 문제가 없었다. 다른 때였다면, 아니 한 달 전만 됐어도, 혹은 다른 아이들이 그랬다면 내 마음은 달랐을지 모른다. 하지만 그 순간 나는 가슴속 불덩이가 머리끝까지 치솟는 느낌이 들었다. 얼굴이 시뻘겋게 달아오르면서 몸이 떨렸다. 내 안에서 상당한 화가 올라오는 게 느껴졌다.

한 아이는 지난주 실과 시간에도 이런 식의 태도를 보였다. "앞으로는 휘발유 차가 아니라 전기차 시대가 올 것이다. 전기차는 휘발유 차에 비해 친환경적이다."라고 말하자, 그때도 "그거 아닌데… 그거 아닌데…." 하는 것이었다. 그래서 "○○이 의견은 뭔지 말해 볼래?"라고 물었고 그때는 부드럽게 잘 넘어갔다.

하지만 금요일, ○○이는 아침에 내가 인사해도 인사를 하지 않고, 수업 시간에 "이거 해야지."라고 하면 한숨을 쉬는 아이. 숙제도 내지 않아 보충 지도까지 해줬는데 고마워하기는커녕 싫은 내색만 팍팍 내는 아이라는 부정적 판단이 마구잡이로 올라왔다. ☆☆이에 대해서도 늘 간족대며 문제를 일으키고, 자기만 중요하게 생각하는 아이라는 부정적인 판단이 올라왔다.

알아차림이 필요한 순간이었다. 만약 지금의 감정대로 말하고 행동

한다면 분명 후회할 거란 생각도 들었다. 그러면서 한편으로는 '내가 왜 이렇게 화가 나지?' 하는 의문도 들었다. 일단 침묵했다. 무조건 침묵. 화난 내 혀가 무슨 말을 뱉어낼지 예상이 되기도 했기에….

침묵의 시간이 꽤 길었던 것 같다. 잠깐 일어서서 교실 앞을 왔다 갔다 하기도 했다. 그래도 화가 잘 가라앉지 않았다. 숨을 크게 들이쉬고 내쉬기를 몇 번 반복했다.

조금 나아진 마음으로 수업을 진행했다. 수업을 하면서 오히려 조금씩 마음이 가라앉는 기분이 들었다. 그리고 수업이 끝날 무렵, 이제는 말할 수 있겠다 싶을 때 전체 아이들에게 말했다.

"여러분들이 정한 우리 반 학급 약속 3번이 뭐지요? 선생님께 예의 지키기죠. 선생님이 정한 게 아니라 여러분과 함께 정한 거죠. 수업 시간에 다른 의견이 있다면, 손을 들고 선생님 저는 이렇게 생각합니다라고 말한다면 선생님은 그 의견을 기꺼이 받아줄 수 있습니다. 하지만 반말로 이건 이거네, 이건 아니네라고 말하니 선생님을 존중하지 않는다는 생각이 들어서 언짢아요. 다음부터는 존대어로 자신의 의견을 말해 주면 더 좋겠어요."

화를 가라앉히기까지 시간이 좀 더 짧았으면 좋았을 텐데 하는 아쉬움도 있었지만, 그래도 다행이라는 안도감이 밀려왔다. 내 감정을 느끼고 생각을 알아차릴 수 있어서 말이다. 감정대로 말했다면 분명 후회하는 말을 했을 텐데, 오늘은 내 느낌과 욕구를 차분히 전달할 수 있어서 기뻤다.

바로 이 사례처럼 우리는 수업 속에서 무수히 많은 자극에 노출됩니다. 학생들이 나를 괴롭히려고 그런 행동을 하는 것은 아닐 겁니다. 그러니 우리가 그저 그 순간을 알아차리고 잠시 멈출 수만 있다면 자동적인 나의 생각과 패턴에서 벗어나 좀 더 다른 선택을 할 수 있습니다.

나만의 안전한 공간으로 들어가기

빠르게 안정감 있는 나로 돌아올 수 있도록 도와주는 활동입니다. 이 활동은 '마음챙김 다이어리' 워크숍을 함께 진행한 박주연 선생님께서 소개해 주신 방법입니다.

1. 양팔을 앞으로 뻗는다.

2. 손등을 마주 대고 오른손을 왼쪽으로 넘겨서 두 손을 깍지끼듯 잡고, 안쪽으로 돌려서 맞잡은 두 손이 가슴에 오도록 한다.

3. 이때 발은 오른쪽 발목이 왼쪽 발목 위에 오도록 하여 역시 두 발이 얽혀 있는 자세가 되도록 한다.

4. 숨을 깊게 들이쉬고 내쉬면서 내 안의 안전한 공간을 상상한다.

5. 안전한 곳에서 숨을 쉬면서 어느 정도 차분해지는 것을 느끼면 손을 풀어 무릎에 놓고 호흡을 정리한다.

마음챙김
동아리
운영하기

1분 명상 정도는 수업 시작 전에 학생들과 함께 충분히 시도할 수 있지만 교과 시간을 할애해서 마음챙김을 지도하는 것은 현실적으로 어렵습니다. 이 경우 동아리 형식으로 학생들과 함께 다양한 시도를 해보는 것을 권합니다. 자신감과 경험이 쌓이면 점점 더 많은 학생들에게로 확장시켜나갈 수 있습니다.

저에게는 마음챙김 동아리 시간이 교사인 저에게도 힐링의 시간이 되었습니다. 제가 좋아하는 것을 학생들에게 소개할 수 있어 기뻤고, 학생들과 함께 마음을 나눌 수 있어서 보람 있고 의미 있는 시간이었지요. 학생들의 활동 모습이나 써놓은 글들을 보며 마음챙김이 학생들에게 긍정적인 효과로 다가가고 있음을 확인할 수 있었기에 더욱 의미 있는 활동이었습니다.

처음에는 명상에 대해서 어떻게 소개해야 할지 고민하다가 학생들에게 먼저 명상에 대한 평소의 생각을 물어보았습니다. 이 질문에 학생들은 다음과 같이 답해 주었습니다.

- 명상이란 별로 필요 없는 것이라는 생각을 갖고 있다.
- 그냥 눈 감고 아무 생각 없이 있는 것 같아서 별 도움이 안 될 것이라고 생각한다.
- 약간 졸리고 재미없는 것 같다.
- 지루하다.

학생들에게 처음 명상을 소개할 때, 명상하는 래퍼 김하온이 '고 등래퍼'라는 프로그램에 나왔던 영상을 보여주었습니다. 영상을 보면, 김하온이 명상을 한다고 하니 많은 사람들이 황당하다는 듯 웃으며 특이한 사람 취급을 하는 반응이 나옵니다. 그러다가 김하온의 뛰어난 실력을 보고 나서는 오히려 사람들이 명상에 대해 묻기 시작합니다. 김하온은 인기있는 래퍼이기도 해서 학생들의 관심을 자연스럽게 끌어낼 수 있었습니다. 명상이 무엇인지 궁금해하는 사람들의 질문에 김하온은 '나 자신의 관찰자가 되는 것'이라고 대답합니다. 만약 초등 고학년이나 중학생 이상의 학생들에게 명상을 소개한다면 이 영상을 활용해 보길 추천합니다.

명상에 대한 소개 이후에 몸의 감각을 알아차리는 데 도움을 주고 싶어서 바디스캔(87쪽 참고)을 학생들에게 소개했습니다. 유튜브에 나오는 짧은 바디스캔 명상을 보여주고 나서 '내 몸을 알아차리는 명상을 하며 내 몸에 대하여 알아차린 것들을 모두 적어봅시다.'라고 하였더니 다양하고 생생한 학생들의 답변이 나오더군요.

- 허리를 펴지 않고 있었던 것을 알게 되었다. 손이 긴장되어 있었다.
- 오른쪽 어깨가 조금 아프다.
- 머리가 욱신거렸다. 종아리가 아팠다.
- 오른쪽 어깨가 많이 딱딱해져 있고 굳어 있었다. 발을 편안하게 놓기가 어려웠다.
- 호흡이 빠른 상태였다. 전체적으로 몸이 더웠다.
- 허리가 매우 불편하다는 것을 알게 되었다.

바디스캔을 하고 나서 연결된 활동으로 '내 몸에게 감사를 표현하는 글쓰기'를 해보았습니다. 편지 형식으로 내 몸과 대화하는 느낌으로 적어보도록 했지요.

내 팔아, 고마워. 학교에서 필기구를 쓸 때, 어디서나 무언가를 들 때, 온라인 수업할 때, 키보드를 칠 때 많이 힘들 것 같아. 계속 풀어주지 못해서 아플 때도 있는데 계속해서 끝까지 버텨준 것 같아 고마워.

이제부터는 주기적으로 풀어주거나 마사지할게.

나의 목아, 고마워. 하루 종일 움직여야 하는 거 힘들지? 내가 핸드폰을 해서 네가 아프고 쑤실 때도 있는데, 그래도 나를 위해서 내 얼굴을 지탱해 주고 내가 보고 싶은 곳을 볼 수 있게 해주어서 고마워. 가끔은 내가 스트레칭을 해줄게.

왼발아, 너는 평발이라 더 힘들 텐데도 온전하게 잘 있어줘서 더더욱 고맙다. 의자에 앉아 있어도 항상 발은 완전히 편하진 않을 텐데 그래도 잘 때만큼은 편해서 다행이다.

내 손가락아, 온라인 수업, 학원, 게임, 숙제하느라 힘들지? 이제 너에게도 힐링 타임을 줄게. 좀 쉬고 또다시 열심히 일해 줘!

다음은 마음챙김 명상을 하기 전과 후의 느낌을 비교하여 적어보라는 질문에 대한 학생들의 답변입니다.

- 몸이 편안해지고 불안한 마음이 사라진 것 같다. 머리 아픈 것이 사라졌다.
- 몸이 많이 피곤한 상태였는데 하고 나니 몸이 개운해졌다.
- 내 몸의 어디가 피곤했었는지 알게 되었고, 그 전에는 어디가 피곤한지도 몰랐다는 것이 신기했다.
- 복잡한 느낌이 사라졌다. 수행평가에 대한 긴장감이 덜해졌다.
- 몸의 긴장이 조금씩 풀리는 느낌이 들어서 좋았다.

- 호흡이 조금 느려졌다.
- 더 안정적인 마음으로 하루를 보낼 수 있을 것 같다.
- 내 숨이 어떻게 들어오고 나가는지 알게 되고, 평소에는 내 몸 같지 않았던 내 몸이 정말 내 몸처럼 느껴진다.

동아리 운영을 시작하고 나서 아쉽게도 코로나 팬데믹 상황이 오래 지속되면서 학생들을 대면할 수 있는 날은 많지 않았습니다. 그래도 학생들이 등교를 할 때는 요가 매트 위에 눕게 하고 싱잉볼 테라피를 해주거나 젠탱글 그리기를 하면서 직접적인 활동을 해보도록 했습니다. 온라인 수업에서는 명상을 안내하는 영상을 보여준 뒤 영상 속 멘트에 따라 명상을 해보도록 한 후 소감을 적는 수업을 했지요.

동아리 활동 중에서 학생들에게 직접 싱잉볼 뮤직테라피를 해주었던 시간이 저에게는 가장 기억에 남고 학생들의 반응도 뜨거워서 보람이 컸습니다. 학교에서 받는 수업인데 누워서 활동한다는 것 자체만으로도 학생들은 무척 신기해하면서 좋아했지요. 아무것도 요구하지 않고 그저 누워서 제가 들려주는 싱잉볼 소리에 몸과 마음을 맡기기만 하면 되니까요. 활동이 끝난 뒤 학생들은 싱잉볼 명상을 다시 한번 경험해 보고 싶다는 말을 많이 했습니다.

저는 앞으로도 학생들에게 마음챙김을 좀 더 본격적으로 지도해

보고 싶다는 계획을 갖고 있습니다. 프로그램은 마음챙김 명상 소개, 호흡 명상, 바디스캔, 마음챙김 먹기, 마음챙김 걷기, 만다라 그리기 명상, 젠탱글 소개, 싱잉볼 뮤직테라피, 싱잉볼 힐링 명상 등으로 구성될 예정입니다.

최근에는 유튜브 등 온라인에서 도움을 받을 수 있는 명상 관련 콘텐츠들이 많아졌습니다. 저는 주로 마보TV나 젠테라피 네추럴 힐링센터, 혹은 마인드트립 등의 채널을 참고하고 있는데, 이외에도 다양한 채널이 있으니 '마음챙김 명상'이나 'mindfulness'로 검색하면 적절하게 활용할 수 있습니다.

일과 후
마음챙김

교사들은 하루 종일 누군가에게 무엇을 주기만 하는 존재입니다. 누군가로부터 돌봄이나 위로를 받기보다는 우리가 끊임없이 누군가에게 사랑과 돌봄과 관심을 주어야만 하는 일상을 살아가고 있습니다. 업무적으로도 시간 내에 제출해야 하는 압박감, 관리자에게 수업이 아닌 일로도 인정을 받아야 어느 정도 존재감이 확보되는 교직 사회 속에서 하루 종일 긴장감을 안고 생활하게 되지요. 하루 중 대부분의 시간을 보내는 학교에서의 생활이 이처럼 일방적으로 에너지를 주어야 하고 긴장한 채 지내는 상황이다 보니 늘 피곤하다는 느낌을 갖게 됩니다. 교사에게는 점심시간 또한 업무 시간에 포함되어 있기에 어떤 날은 8시 20분에 출근해서 4시 20분에 퇴근할 때까지 계속 달리기를 하고 있는 기분이 들 때도 있어요.

수업을 다 마치고 학생들을 하교시켰다면 잠시 휴식의 시간을 가져보길 권합니다. 이는 남은 일과를 잘 해내기 위해서라도 꼭 필요한 시간이라고 생각합니다. 단지 몇 분이라도 충분한 효과가 있을 테니 바로 다음 할 일로 넘어가기 전에 '1분 마음챙김'이라도 해보는 겁니다. 저는 여교사 휴게실로 가서 10분 정도라도 누워 허리를 펴고 쉬기도 하고, 싱잉볼을 치면서 명상을 하기도 합니다.

만약 호흡하는 것이 어색하고 잘 되지 않는다면 잠깐 동안 창문 밖을 바라보며 마음챙김 보기를 하는 것도 좋습니다. 창밖을 바라보면서 세 가지 대상을 골라보는 겁니다(구름, 나무, 벤치 등). 마치 오늘 그것을 처음 본 것처럼 새로운 시선으로 바라보세요. 전에는 보이지 않았던 부분을 발견할 수 있을 겁니다. 그냥 멍하니 볼 수 있는 하나의 대상을 바라보는 것도 괜찮습니다. 저는 하늘에 흘러가는 구름을 가만히 바라보는 것만으로도 많은 도움이 되더군요.

때로는 마음챙김에 도움이 될 만한 책을 아무 데나 펼쳐서 나오는 페이지의 글을 읽으면서 잠시 묵상을 하기도 합니다. 영감을 주는 글귀나 시를 읽으면 마음에 중심이 잡히는 것 같거든요. 차를 한 잔 마시는 것도 좋습니다. 차를 마실 때는 천천히 그 맛과 향을 음미하면서 차만 마셔요. 차를 마실 때 다른 일은 병행하지 않는 것이 좋습니다.

이런 마음챙김을 하는 데 실제로 들이는 시간은 고작 5~10분 정도인데 그조차 시간을 내기 어려울 때도 많습니다. 하지만 하루를 돌아보면 과연 내가 그 정도의 시간이 정말 없었던 것인지, 내 마음의 조급함이나 분주함 때문에 멈춰설 여유가 없었던 것은 아닌지 돌아보게 되죠. 실은 그것이 나를 잠시나마 숨 쉬게 하고 여유를 줌으로써 오히려 진짜 삶을 더 잘 살 수 있게 도와주는 시간인데 말이에요.

천천히 걸으면서 잠시 학교 안을 걸어볼 수도 있습니다. 걸을 때는 오감을 활짝 열어보세요. 앞에서 소개한 '5-4-3-2-1 멈춤'(93쪽 참고)을 해봐도 좋습니다. 나에게 보이는 것, 지금 내 느낌들, 들리는 것, 냄새와 맛 등을 찾으면서 걸어보세요. 구석에 핀 꽃 한 송이나 작은 풀 하나가 새롭게 다가오고 사랑스럽게 여겨지면 사진도 한 장 찍어보세요. 지금 걷고 있는 내 발걸음, 나의 그림자를 찍어보기도 하고요.

저는 가끔 동료들과 같이 산책하면서 소소한 대화를 나누는 시간을 갖는데 매번 감사한 시간이라는 생각을 합니다. 학생들과의 관계에서 일어났던 일도 가볍게 이야기하고, 햇빛을 받으면서 벤치에 앉아 함께 사진도 찍습니다. 한참 일하고 있을 때 "선생님, 같이 잠깐 쉬실래요?" 하고 불러주는 동료가 있다면 얼마나 행복하고 기쁠까요?

초등 선생님이라면 교실 공간을 잠시 정돈하면서 교실을 아름답게 하는 시간을 가져보는 것도 좋을 것 같습니다. 어떤 선생님은 학교에 매주 한 다발씩 꽃을 배달시키는 서비스를 이용하기도 하시더군요. 중등은 교무실에서 주로 근무하지만, 초등은 선생님만의 교실이 있으니 교실 안에 꽃을 두는 것도 좋은 마음챙김 방법인 듯합니다. 잠시 꽃을 바라보면서 향기도 맡아보고요.

조약돌이나 향초, 아름다운 사진이 담긴 엽서 등을 책상 위에 놓아두는 것도 좋습니다. 물건의 위치를 종종 바꾸거나 새로운 물건으로 교체하는 것도 새로움을 줍니다. 늘 일하는 책상이지만 한구석에 내가 좋아하는 물건들을 몇 가지 가져다 놓고 마음챙김이 필요할 때마다 그곳을 바라보면서 마음을 새롭게 할 수 있습니다.

퇴근할 때 저는 교문 앞에서 잠시 하늘을 바라봅니다. 오늘 내가 일하느라고 하늘을 한 번도 올려다보지 못했구나 하는 생각이 드는 날도 있지만, 넓고 푸른 하늘을 보며 마음을 일 모드에서 이제 개인 모드로 바꾸는 거지요. 이처럼 퇴근할 때는 학교 일은 잠시 잊고 벗어날 수 있도록 마음을 바꾸는 것이 중요합니다. 자칫하면 가족과 함께하는 시간에도 학교에서부터 가지고 온 감정이나 기억들이 영향을 미치게 되거든요.

저는 퇴근 후에 집에서 새로운 수업 연구나 교육 관련 책 읽기, 공부 모임 등을 하는 날이 많습니다. 이런 활동이 저의 직업과 관련되어 있기는 하지만 그 시간은 저에게 일이 아닌 놀이의 시간이기에 전혀 다른 에너지가 되죠. 꼭 누워서 쉬거나 잠을 자야만 쉬는 것은 아니니까요. 요즘은 온라인에서 다양한 공부 모임을 하는데 그 시간을 통해 정말 많이 배우고 성장하는 시간이 되고 있습니다.

일주일에 한 번 정도는 집에 가는 길에 잠시 카페에 들러 한 시간 정도 마음을 가다듬고 가기도 합니다. 좋아하는 문구점에서 한참 동안 구경하다가 가는 날도 있고, 소소한 물건을 사기도 하죠. 물건을 사는 것이 목적이라기보다는 기분을 전환하는 것입니다. 때로는 집에 가는 길에 일부러 새로운 루트를 선택해 걸어보기도 하고, 가끔은 혼밥을 하기도 합니다. 이런 시간이 제 영혼에 물을 주는 시간이라고 생각하고 의식적으로 그런 시간을 확보하려고 노력합니다.

특히 제가 좋아하는 퇴근길 코스 중 하나는 꽃과 차를 함께 파는 가게에 잠시 들리는 것입니다. 몸과 마음이 특히 지친 날에는 발길이 저절로 그곳으로 향하곤 하지요. 차분하게 마음을 가라앉히며 심호흡을 하고, 차를 마실 때는 아주 천천히 향과 맛을 음미하면서 차 명상을 합니다. 읽고 싶은 책 한 권을 가져가 몇 페이지라도 읽으며 고요하게 머물다보면 마음에 힘이 다시 차오르는 것을 느낍니다. 형형색색의 다양한 꽃들을 찍어서 SNS에 올리기도 하고, 나를 위한 선물로 꽃 한 다발을 사와서 식탁에 꽂아두기도 합니다. 그렇게 사온 꽃에 매일 물을 갈아주면서 행복을 충전합니다.

선생님의 마음챙김

마음챙김
연습하기

일과 후 마음챙김

●

선생님은 일과 후 마음챙김으로 어떤 방법을 시도해 보고 싶으신가요? 몇 가지만 골라서 적어보세요.

_____

_____

_____

_____

_____

_____

_____

자기 전
마음챙김

　자기 위해 침대에 누웠는데 스마트폰으로 영상을 보다가 새벽까지 잠들지 못한 경험이 있지 않나요? 저도 한때 늦은 시간까지 잠을 이루지 못해 고생했던 기억이 있습니다. 그만큼 잘 자기 위한 마음챙김 루틴을 실천하는 일은 매우 중요합니다.

　중요한 일을 준비하듯 잠을 자는 것도 준비를 하는 것이 좋습니다. 잠을 자려면 몸을 편안하게 이완시켜야 하는데 저에게는 누워서 하는 명상인 바디스캔과 싱잉볼 명상이 큰 도움이 되었습니다. 배나 가슴 위에 커다란 싱잉볼을 올려놓고 치면서 천천히 호흡하다 보면 저절로 몸과 마음이 이완되는 것을 느끼거든요. 숨을 내쉴 때마다 내쉬는 호흡과 함께 손바닥, 발바닥, 코를 통해 내 몸의 답답했던 에너지들이 함께 빠져나간다고 상상하며 호흡을 해봅니다. 머리, 얼굴, 목, 가슴, 배, 팔, 다리, 발까지 한 군데씩 의식을 집중하면서 그 부위의 긴장이 빠져나간다고 상상하면서 천천히 호흡하지요. 이때 몸이 침대와 맞닿은 부분에 집중하면서 내 몸의 무게감을 느껴봅니다. 내 몸이 매트리스를 파고드는 감각을 느껴보는 겁니다. 온몸을 툭 떨어뜨려 바닥에 내 몸을 맡긴다고 상상하면 스르르 긴장이 풀리는 것을 느끼게 됩니다.

알린 K. 엉거는 《오늘도 잠 못 드는 그대에게》에서 다음과 같은 방법을 소개합니다.

자기 전까지도 해야 할 일들이나 내일에 대한 계획으로 머리가 복잡하다면 해야 할 일들을 날파리라고 상상해 보세요. 날파리들이 어떤 상자 속으로 날아서 들어가는 모습을 떠올린 후, 그 상자 뚜껑을 닫아버리고 자물쇠를 채우는 상상을 해보세요. 이 방법이 익숙해지면 퇴근 후 집에 들어오기 전에 할 수도 있고, 머릿속이 복잡해질 때마다 쓸 수 있는 방법이에요. 만약 그래도 계속 그 생각이 떠오른다면 차라리 그것에 대해 집중적으로 생각할 시간을 딱 30분 정도로 정하고 떠오르는 아이디어를 스마트폰에 메모해 두거나 내일 할 일들의 목록을 적어두세요. 그렇게 30분이 지나면 다시 날파리를 모두 상자 속에 가둬두는 거죠.

'밤하늘에 글쓰기'라는 방법도 있습니다. 누운 채 눈을 감고 숨을 쉴 때마다 몸이 밤하늘로 둥둥 떠오르는 상상을 해보세요. 내 손에 흰색 펜이 들려 있다고 생각하고, 그날 있었던 좋은 일과 나쁜 일을 하늘에 적어보는 겁니다. 나쁜 일은 별똥별처럼 하늘에서 떨어지고, 좋은 일은 밤하늘에 남아 반짝반짝 빛나고 있다고 상상해 보세요.

자기 전에 오늘의 감사한 순간들을 찾아보고 다시 떠올려보는 명상을 해보는 것도 좋습니다. 우리의 뇌는 욕구를 충족시키는 경험에서 나오는 따뜻함을 느낄 때 편안해지는데, 그런 느낌 중에서도 감사한 느낌은 그 효과가 특히 뛰어나다고 합니다. 그래서 하루를 마무리할 때 감사하는 시간을 가지는 것은 큰 도움이 되지요.

하루를 마감하면서 그날의 감사 일기를 적어보면 얼마나 감사한 일들이 많은지 알 수 있을 겁니다. 또한 아무런 사건 없이 평화롭게 지나간 일상이 얼마나 소중하고 감사한지 알게 됩니다. 출근길에 모든 운전자들이 안전 운전을 해주었기에 내가 무사히 학교까지 올 수 있었고, 학생들이 오늘도 좌충우돌했지만 아무 사고 없이 하루가 마무리되어 우리가 마음 편히 퇴근할 수 있는 것이니 얼마나 감사한 일인가요. 가족이 오늘 하루 모두 무탈하게 하루를 보냈다면 그것만으로도 참 감사하지요. 이처럼 감사한 일들을 찾아보는 겁니다. 무심코 지나쳤던 일상 속에서 감사의 순간은 늘 존재하니까요.

- 일어났을 때 컨디션이 좋지 않았지만 그래도 몸을 일으킬 수 있어서 감사
- 출근 준비 시간이 촉박했는데 버스가 바로 와주어서 감사
- 교무실에서 따뜻한 모닝 커피를 마실 수 있어서 감사
- 미리 부탁했던 문서를 담당 선생님이 잘 준비해 주셔서 감사
- 수업 시간에 학생들이 수업 흐름을 잘 따라와주어서 감사
- 수업이 유익하고 재미있었다는 학생의 피드백에 감사
- 기안에 대해 교감, 교장 선생님이 수고했다고 말씀해 주셔서 감사
- 오후에 잠시 차 한 잔 마시며 벤치에 앉아 동료 선생님과 이야기 나눌 수 있어서 감사
- 하루 일과를 무사히 마치고 집으로 돌아가서 쉴 수 있는 저녁 시간이 있음에 감사
- 하루 일정을 잘 소화할지 걱정이었는데 생각보다 잘 버텨준 나의 몸과 마음에 감사
- 감사 일기를 쓰면서 정말 감사한 일의 연속임을 깨닫게 되어 감사

**마음챙김
연습하기**

감사 명상

●

오늘의 감사한 일 3가지를 떠올려보고 적어보세요.

_____

_____

_____

_____

_____

_____

_____

_____

_____

잠자기 전 루틴 만들기

●

취침 시간 1시간 전으로 알람을 맞춰놓습니다. 그 시간이 되면 간단한 체조나 명상 등 본인이 정한 루틴을 시작합니다. 이 시간부터는 하던 일을 멈추고 스마트폰도 내려놓는 것을 습관화합니다. 오늘 밤부터 실천할 나만의 잠자기 전 루틴을 적어보세요.

_____

_____

_____

_____

_____

_____

_____

행복한 교사로 살기 위한
마음의 균형 잡기

Part 5
—

마음챙김
확장하기

Mindfulness for Teachers

내 안의
참자아 만나기

소인격체 클리닉은 '내면 가족 시스템 치유'라고 불리는 IFS (Internal Family Systems Therapy)에 바탕을 둔 용어로, 이 모델은 우리 인격체가 작은 부분(소인격체 또는 하위 인격체)들과 참자아의 합이라는 개념을 바탕으로 하고 있습니다.[*] 우리의 마음 안에는 다양한 부분들이 있고 상황에 따라 다르게 의식의 전면에 나와서 활동하게 되는데, 그 부분들이 각각 다른 욕구를 가지고 있다고 보는 접근법이죠.

우리는 주어진 역할에 따라 다양한 모드로 그때그때 변신 가면을 쓴 것처럼 생활합니다. 학교에서는 교사로서 열심히 일해야 하고, 퇴근 후 집에서는 가족의 일원으로서도 해야 할 일이 있습니

---

[*] **톰 홈즈·로리 홈즈,**《소인격체 클리닉》(시그마프레스)

다. 마치 슈퍼맨처럼 다양한 기능을 수행해야 하다 보니 어떤 때는 녹초가 된 '부분'이 활성화되어 아무것도 하기 싫은 상태가 됩니다. 그럴 때는 가족의 사소한 말에도 신경이 거슬려 '까칠이' 모드가 되기도 하죠. 또 어떤 날은 '화난 부분'이 활성화되어 평소에 부드럽고 친절하던 모습은 사라지고 굉장히 공격적이고 뾰족한 말이 튀어나오기도 합니다. 각각의 모습들이 모두 내 안에 있는 하나의 부분이고, 그것들은 하나의 작은 인격체처럼 느낌과 욕구가 있다고 보고 그것을 각각 공감해 주는 방식으로 내면의 치유나 조화를 이루어나가는 방법을 소인격체 클리닉이라고 합니다.

우리 마음에는 이런 내면의 여러 부분들을 마치 오케스트라의 지휘자처럼 조화롭고 균형 있게 조절할 수 있는 '참자아'가 있는데,《소인격체 클리닉》에서는 '마음챙김은 거실의 중앙에 참자아가 있는 상태로 일상적인 삶의 과업들을 수행해 나가고 있는 것'이라고 말합니다. 여기서 말하는 거실은 내 의식의 중앙 무대를 비유한 것이고, 나의 참자아가 거실에 나와서 나머지 부분들을 잘 돌보고 관리하는 상태가 마음챙김 상태인 것이죠.

평소에 우리가 마음챙김 명상을 일상적으로 수련하는 시간을 가지면 우리 안의 참자아가 잘 기능할 수 있고, 내가 필요할 때 참자아를 거실로 불러낼 수 있는 힘을 갖게 됩니다. 따라서 참자아의 특성인 고요함(Calmness), 호기심(Curiosity), 연민(Compassion), 연결성(Connectedness), 자신감(Confidence), 창조성(Creativity), 용기

(Courage), 명료함(Clarity)을 하나하나 떠올리면서 내 안에 그러한 힘과 에너지가 있다는 것을 항상 잊지 말아야 합니다. 내가 어떤 고민이 있을 때 내 안에 매우 현명하고 지혜롭고 자비로운 현자가 있어서 나에게 조언을 해준다면 얼마나 좋을까요.

다음은 어느 날 제가 쓴 짧은 일기입니다.

오늘도 하루 종일 근무하는 동안, 거실에는 다기능 수행자가 나와 있었지만 지금 카페에 혼자 있는 나는 전혀 다른 부분이 나와 있다. 지쳐서 까칠한 내가 튀어나오기 전에 참자아의 마음으로 나를 좀 쉬게 해야지. 온종일 컴퓨터 앞에서 수업 자료 만드는 일상이 슬슬 지겨워진다. 책 읽고 그림 그리고 글 쓰는 창조적인 시간이 좀 더 필요하다. 매일 아침 모닝페이지 쓰기와 자기 전 명상 시간부터 다시 회복하자.

참자아 명상하기

●

눈을 감고 심호흡을 하면서 긴장을 풀어봅니다. 입을 살짝 벌리고
어깨의 힘을 빼봅니다. 숨을 내쉴 때 손바닥, 발바닥을 통해 내 몸
의 긴장이 함께 빠져나가는 것을 느껴봅니다. 심장으로 숨을 들이
쉬고, 심장을 통해 숨을 내쉰다고 상상해 보세요. 공기가 들어오면
서 심장이 부풀어오르고, 내쉴 때 햇살이 심장에서 흘러나오는 것
을 상상해 봅니다.

이제 우리는 나의 내면에 살고 있는 현명한 이를 만나러 갈 것입
니다. 이것을 참자아라고도 부릅니다. 나의 마음속 깊은 곳에는 고
요하고, 호기심 어린 참자아가 있습니다. 이제 참자아를 만나러 가
는 여행을 떠날 마음의 준비를 하십시오. 이러한 열린 마음으로 숲
속을 산책할 것입니다. 지금 내 앞에는 어떤 풍경이 펼쳐져 있나요?

햇빛에 아른거리는 나뭇잎이 보이나요? 숲에서 나는 싱그러운 냄새가 느껴지나요? 사각거리는 내 발 밑의 소리가 들리나요? 조금 더 걸어들어가봅시다. 오른쪽으로 작은 오솔길이 나 있고, 마치 나를 이리로 오라고 손짓하는 것 같네요. 그 길을 따라 걸어들어가니 숲은 사라지고 광활한 전경이 눈앞에 펼쳐집니다.

저 멀리에 커다란 집이 보이네요. 무척 크고 아름다운 집입니다. 집 안으로 걸어들어가니 어떤 모습이 보이나요? 아름답고 우아한 가구들이 보이시나요? 햇빛이 비치는 창문에 걸린 화려한 커튼이 보이시나요? 깔끔하게 정돈된 집의 계단을 올라가서 제일 높은 곳에 있는 크고 넓은 방으로 걸어들어갑니다. 그곳에는 나의 참자아가 나를 기다리고 있습니다. 참자아는 나에게 항상 나의 곁에서 나를 지지하겠다고 이야기합니다. 나를 매우 존중하며 항상 조화로운 상태에 있는 나의 모습을 마음속으로 그리겠다고 이야기하네요. 나를 격려하고 나를 돌보며 내 삶에 대해 가능한 한 가장 넓은 관점을 제공하겠다고 약속합니다. 내가 참자아에게 절을 하니 참자아는 나에게 축복을 내립니다. 참자아가 나에게 선물을 주네요. 그 속에는 무엇이 담겨져 있을까요? 침착함, 명료함, 연민, 연결, 자신감, 담대함, 창의성, 호기심…. 이 단어들을 한번 떠올려볼까요? 이 모든 것들은 모두 내 안에 있는 참자아의 특성이랍니다. 이 중에 가장 마음에 와닿은 한 단어를 떠올리며 잠시 머물러봅니다.

참자아는 나에게 내가 가야 할 길에 대해 마음속에 떠올랐던 어떤 질문이라도 해보라고 이야기합니다. 질문이 떠오르면 질문을 하고 대답을 기다리십시오. 대답은 말로 떠오를 수도 있고, 감각이나 직관으로 다가올 수도 있습니다.

나의 참자아에게 감사의 인사를 합니다. 나에게 주어진 것을 가슴 깊이 받아들이십시오. 이제 심호흡을 하고 부드럽게 지금 여기, 현실로 돌아오십시오.

현자 떠올리기 명상[*]

●

눈을 감고 심호흡을 합니다. 편안하게 앉아 긴장을 풀고 호흡에 집중하면서 모든 경험에 마음을 열겠다는 의도를 세워보세요. 학생들이나 동료 혹은 관리자 등 학교 안의 누군가와 상호 작용이 어려웠던 상황을 하나 떠올려봅니다. 최대한 그 상황을 다시 생생하게 떠올리면서 그때 몸의 느낌은 어땠는지, 마음의 감정은 어땠는지, 어떤 말을 주고 받았는지 적어보세요.

---

[*] 샤우나 샤피로·크리스 화이트, 《마음으로 훈육하라》(길벗)에서 아이디어를 얻었습니다.

_____

_____

_____

_____

한참 그 장면에 머물러 있을 때 누군가 문을 두드립니다. 문을 열어보니 문 앞에는 현명한 노인, 아니면 지금보다 나이가 든 현명한 당신 또는 내가 아는 현명한 사람이 서 있습니다. 그 사람은 나에게 사랑이 가득한 눈빛으로 이렇게 말합니다.

"얼마나 힘든 일인지 잘 아네. 내가 도와주러 왔어. 나는 자네를 완전히 신뢰한다네."

이제 이 현자의 도움을 받아서 이 순간에 존재해 봅니다. 현자는 나에게 정말 필요했던 지혜와 힘을 빌려줍니다. 내가 이 상황에서 어떻게 행동하면 좋을지 알려주고, 그리고 내가 원하는 방향으로 진행할 수 있도록 도와줍니다. 현자가 나에게 무슨 말을 해주었는지 적어보세요.

_____

_____

_____

_____

다음번에 비슷한 일이 생긴다면 자동적 반응이 아닌 현자의 도움으로, 현자의 지혜와 함께 행동하겠다는 마음의 의도를 세워봅니다. 누군가 항상 당신을 믿어주고 응원해 주는 존재가 있다는 것을 믿고 그 사람을 떠올리는 것만으로도 마음의 공간을 세울 수 있습니다.

나를
공감해 주기

한번은 어느 지인의 말에 크게 자극을 받아 엄청난 감정이 올라온 적이 있었습니다. 어지간해서는 그렇게까지 화가 안 나는데 그동안 누적된 판단과 섭섭함이 영향을 미쳤던 것 같아요. 그 순간은 '참 뻔뻔하다. 양심도 없다'라는 생각을 하면서 강한 분노를 느꼈거든요. 그때를 떠올리며 '용서의 RAIN' 방법으로 그 분노를 다시 만나는 작업을 해보았습니다.

심리학자이자 명상가인 타라 브랙(Tara Brach)이 소개한 수행법인 'RAIN'은 인지하기(Recognize), 인정하기(Allow), 살펴보기(Investigate), 보살피기(Nurture)의 과정을 거칩니다. 저는 이 방법을 통해 절망스럽고, 답답했던 그때의 느낌을 다시 만나고, 분노가 어떤 말을 하고 싶어 하는지도 들어보기로 했습니다.

다음은 제 경험을 'RAIN' 수행법에 따라 실천한 과정을 정리한 것입니다.

1. 인지하기

나는 그를 어떤 사람이라고 믿고 있나요? 그 사람에 대한 나의 판단, 생각을 다 써봅니다.

그 사람을 떠올릴 때의 이미지는 아무 감정이 없고 무감각한 사람처럼 보인다. 때로는 그 모습을 보기만 해도 답답하다. 전혀 노력하지 않고 무임승차하는 사람이라는 생각이 떠오른다.

2. 인정하기

가만히 머무릅니다. 위 생각들을 바꾸거나 나의 느낌을 어떠한 행동으로 해소시키려고 하지 않고 잠시 머물러봅니다.

솔직히 말하자면, 화가 났던 그 순간에는 가만히 있을 수가 없었어요. 너무 화가 나서 자리에 잠시 앉아 있다가 친한 친구를 붙잡고 하소연을 했지요. 그러나 다행이었던 건 상대방을 비난하려는 의도보다는 나의 이런 감정을 표현하고 공감받는 과정에서 제 마음을 보려고 했다는 점이에요. 혼자 해결하기 어려울 때 이렇게 아무런 판단 없이 내 이야기를 들어줄 수 있는 동료나 친구가 곁에 있다면 정말 좋겠지요. 하지만 궁극적으로는 스스로 해야 한다고 여겨져요. 누군가에게 말을 하는 순간 그 느낌에 머무르기보다는 나의 생각에 또다른 생각들이 덧붙여져서 분노에 계속 먹이를 주고 있기가 쉽기 때문이죠.

3. 살펴보기

이 답답함이 내 몸 어디에서 느껴지나요?

가슴 쪽에 묵직한 것이 느껴진다. 숨이 막히고 울화통이 터진다.

심호흡을 하면서 천천히 그 부분과 만날 준비를 합니다. 그리고 질문을 합니다.
"너는 어떤 것을 원하고 있니? 지금 가장 필요한 것은 뭐야?"

내가 바라는 건 내가 기꺼이 하고 싶은 만큼만 하고, 싫은 건 싫다고 말하는 거야. 겉으로는 마지못해 부탁을 들어주고 속으로 미워하기는 싫어. 서로 기준이 너무 차이가 나고 가치관도 많이 달라서 대화가 잘 안 된다는 것이 슬퍼. 내가 바라는 건 우리가 서로를 믿을 수 있고, 협력하고 도와주면서 함께 성장하는 거야. 어느 정도의 예측 가능성도 필요하고 말이야.

그 부분이 이렇게 이야기한 것을 욕구 단어들로 표현해 봅니다.

자기 표현, 예측 가능성, 협력

그 부분이 두려워하고 있는 것이 무엇인지도 질문해 봅니다.
"네가 걱정되고 두려운 건 뭐야?"

내가 며칠 동안 열심히 노력해서 만든 자료를 아무 노력 없이 쉽게 가져다 쓰겠다는 말을 들었을 때 내가 호구가 될까봐 두려웠어. 고생하는 사람 따로 있고, 자기 것만 챙기는 사람 따로 있나 하는 생각도 들고, 억울하고 분했어. '이 사람에게 내가 도움을 주는 것이 잘하는 건가?' 하는 회의가 들었어. '어떻게 저런 말을 할 수 있지?' 하는 생각이 들면서 도저히 이해가 되지 않았어. 그동안 내가 도와준 것에 대한 보람도 없고, 앞으로도 이 관계를 어떻게 지속해 나가야 할지 막막하고 절망스러웠지. 앞으로도 계속해서 그를 도와줘야 한다는 것이 부담스럽기도 해.

이렇게 그 부분의 말을 충분히 들어주니 답답함의 덩어리가 조금씩 쪼개지고 정도가 약해지는 것이 느껴지기 시작했습니다. 그리고 부담스러움이라는 또 다른 덩어리도 발견하게 되었지요. 이때 새롭게 찾은 욕구들은 신뢰, 이해, 상호성, 보람, 평등, 홀가분함이었습니다.

저보다 연장자인 그에게 내가 계속 맞추고 도와줘야 한다는 부담과 의무감, 하고 싶은 말이 있어도 참아야 한다는 억눌림이 있었던 것 같았습니다.

4. 보살피기

이제 나의 참자아가 그 부분에게 해주고 싶은 말들을 떠올려봅니다. 그 부분이 듣고 싶어 하는 말들을 해준다고 생각하고, 현명하고 지혜로운 참자아라면 뭐라고 말해 줄 것 같은지 떠올려봅니다.

그때 무척 당황스럽고 속상했지? 너도 힘들게 애써서 만든 자료들인데 그냥 쉽게 가져다 쓰겠다는 말을 들었을 때 얼마나 허탈하고 화가 났겠니. 혹시 너는 기꺼이 나누고 싶을 때 나누고 그렇지 않을 때는 나누고 싶지 않다는 말도 자유롭게 표현하고 싶었니? 아니면 다른 방법을 모색해 보라고 제안하고 싶었니?

타라 브랙의 《끌어안음》이라는 책에는 '분노는 변화를 일으키지 않는다. 분노는 촉발제다. 분노는 현명하게 사용해야 하는 에너지다.'라는 표현이 나옵니다. 분노란 우리에게 매우 중요한 가치나 욕구가 지금 건드려졌다는 신호인 거지요. 분노가 크면 클수록 나에게는 그만큼 그 가치나 욕구가 중요하다는 것을 알려줍니다.
꼭 분노가 아니더라도 나에게 강한 감정이나 반응을 일으키는 사건이 일어났을 때 RAIN이라는 방법으로 차근차근 나와의 대화를 해보시기를 권합니다. 처음에는 혼자 풀어나가기가 어렵다고 느껴질 수도 있습니다. 그러나 마음챙김을 수련한다는 것은 결국 나에 대한 관찰을 계속 해나간다는 것을 의미합니다. 내 안의 고통을 바라보는 것은 쉽지 않은 일이지만 직면하지 않으면 비슷한 일들이 계속 벌어집니다. 시간을 가지고 깊이 다뤄줄 때, 그 고통을 제대로 통과할 때 우리는 비로소 치유되고 성장합니다.

내면 아이와
놀아주기

마음챙김에서는 우리의 생각이 원숭이처럼 이리 뛰고 저리 뛰고 가만히 있지 못한다고 해서 생각을 원숭이에 비유하기도 합니다. 그래서 잡념으로 머리가 복잡한 상태를 '몽키 마인드'라고 합니다.

우리 몸에서 가장 에너지를 많이 쓰는 곳이 뇌인 만큼 머릿속에서 원숭이들이 마구 뛰어다니는 상태로 오래 있다 보면 우리는 쉽게 지치고 피로해집니다. 선생님들이 퇴근할 때쯤 거의 녹초가 되는 것은 바로 이런 상태로 하루를 보내서가 아닐까요?

우리의 머릿속에 열차가 지나간다고 상상해 보세요. 그 안에는 잡념이라는 원숭이들이 가득 타고 있어요. 열차가 잠시 내 머리라는 역에 정차하는데 우리는 그대로 플랫폼에 서 있다고 상상해 보세요. 잠시 후에 그 열차는 다음 역을 향해서 출발하겠죠? 그렇게 열차가 떠나면 또 새로운 열차가 들어왔다가 나가는 현상이 반복되겠지만 우리는 그 자리에 계속 서 있는 겁니다. 우리는 이 열차를 그저 바라보는 관찰자가 되는 겁니다. 생각하는 나와 생각을 동일시하지 마세요. 그 생각은 곧 내가 아닙니다. 그저 흘러가는 것이죠. 잠시 내 머릿속을 방문한 원숭이들이라고 여기면 됩니다.

몽키 마인드 해소법*의 첫 번째는 버리는 겁니다. 같은 생각이 여러 번 떠오를 땐 '이제 그만!'이라고 마음속으로 외치며 그 생각을 치워버리는 거죠. 머릿속에 원숭이 한 마리가 뿅 하고 사라지는 이미지를 상상해 보세요.

둘째, 예외를 생각해 보는 겁니다. '그 생각이 절대적인 진리인가? 혹은 반드시 진실인가?'라는 질문을 스스로에게 던져보고 그것을 반박할 만한 다른 생각을 떠올려보는 거지요.

세 번째는 현자의 시선으로 생각하기예요. 만약 내가 평소에 매우 존경하는 인물이라든가 위대한 위인이 나에게 조언을 한다면 뭐라고 말해 줄 것 같은지 생각해 보는 겁니다.

네 번째는 옳고 그름으로 판단하지 않는 겁니다. 이것은 옳은 것도 그른 것도 아닙니다. 그저 하나의 생각일 뿐입니다.

다섯 번째는 원인을 찾아보는 겁니다. 왜 이 생각이 나에게 이렇게 계속해서 떠오르는지 그 이유를 생각해 보세요. 사실 이러한 생

---

* 구가야 아키라, 《최고의 휴식》(RHK)을 참고하였습니다.

각 뒤에는 충족하고자 하는 나의 어떤 욕구가 있습니다.

마지막으로 열심히 쉬는 방법도 알아야 합니다. 한 시간을 일했다면 5분 정도는 반드시 아무것도 하지 말고 쉬세요. 잠깐 동안 눈을 감고 그저 쉬세요. 핸드폰도 잠시 내려놓으세요. 일주일에 하루 정도는 느린 날로 선포하세요. 일주일간 열심히 일한 나에게 하루 정도는 느릿느릿하게 쉬면서 충전할 수 있는 시간을 주어야 다시 다음 한 주를 새롭게 맞이할 힘이 생깁니다.

저는 매주 '아티스트 데이트'를 하려고 노력합니다. 아티스트 데이트란 일주일에 2시간 정도 나만을 위한 시간을 갖는 것입니다. 내 안의 어린 아티스트와 내가 놀아주는 시간이라고 생각하고 반드시 혼자 보내는 시간을 확보합니다. 혼자 영화를 볼 수도 있고, 예쁜 카페에서 책을 읽거나 그저 노닥거리며 보낼 수도 있고, 아니면 미술관이나 서점 나들이를 할 수도 있습니다. 가끔은 문구점 같은 곳에 가서 귀여운 스티커나 어릴 때 좋아했던 사탕이나 젤리 같은 것을 사기도 하지요.

아티스트 데이트를 위해 한동안 화실에 다닌 적도 있습니다. 매주 토요일 오후 1~3시, 이렇게 시간을 정해 놓고 그림 그리기에 몰두했던 그 시간이 일주일 중에 가장 행복한 시간이었지요. 또 내가 직접 그린 그림으로 집안을 꾸며놓으니 그렇게 뿌듯할 수가 없었답니다.

주말에 푹 쉬지만 어떤 날은 집에서 가족들에게 세 끼 식사를 차려주다 보면 하루가 다 가는 경우가 있어요. 그럴 때면 왠지 억울하고 답답한 심정이 되어 괜히 짜증을 내기도 하고, 별것 아닌 일에도 뾰족한 말로 받아치게 되더군요. 요즘은 아침 식사를 하고 "나 혼자 시간 좀 보내고 올게."라고 말하고 잠시 집을 나섭니다. 이렇게 아티스트 데이트를 하면서 나를 돌보는 시간을 갖고 나면 훨씬 밝아진 에너지로 집안일도 하고 식사 준비도 즐거운 마음으로 할 수 있는 저를 발견합니다.

학교에서 학생들과의 관계나 업무를 할 때도 마찬가지입니다. 내 안에 무언가 불만족스러운 느낌으로 꽉 차 있으면 누가 조금만 건드려도 화가 치밀어 오르고 짜증스럽게 반응하게 되죠. 반대로 내가 기분이 좋고 마음에 여유가 있을 때는 아이들이 좀 떠들어도 크게 화가 나지 않는다는 것을 깨닫게 되었습니다. 외부의 자극들은 그냥 일어나는 일일 뿐 그 일에 대한 나의 느낌은 나의 상태, 즉 욕구에 따라서 달라지거든요. 그러니 내 욕구를 잘 알아차려서 그때그때 충족을 해주어야 합니다. 자기 돌봄의 중요성은 아무리 강조해도 지나치지 않습니다.

나를 돌보는 방법은 다양하게 개발하면 개발할수록 좋습니다. 한 가지 방법에만 의존하면 그 길이 막혔을 때 굉장히 힘들어질 수 있거든요. 기분 전환을 하고 싶은데 집에서 나갈 상황이 안 된다면 혼자 거실에서 영화를 볼 수도 있을 것이고, 그림을 그리고 싶은데

화실에 다닐 상황이 안 될 때는 만다라나 젠탱글을 집에서 그려볼 수도 있지요. 흥미있는 책을 사서 볼 수도 있고, 유튜브 영상을 보면서 무언가를 배울 수도 있습니다. 나의 욕구를 충족하는 방법을 몇 가지로 한정하지 말고 새로운 방법을 하나하나 추가해 나가기를 권합니다.

혼자만의 시간은 내 안의 나와 깊게 만나는 시간이며 고요의 시간이자 영적인 시간입니다. 어느 누구를 만난다고 해도 궁극적으로는 나 자신과 깊이 대화하는 것만큼 나를 깊이 이해하기 힘들며 질적인 충족감을 줄 수는 없습니다. 나를 섬세하게 관찰하고 돌아보며 이해하면 할수록 나를 사랑하게 되고 그만큼 남도 사랑할 수 있게 되지요.

우리의 안에는 나와 놀고 싶어 하는 어린아이가 하나 살고 있습니다. 흔히 '내면 아이'라고도 하지요. 그 아이와 정기적으로 놀아주세요. 그렇지 않으면 그 아이가 울면서 소리치는 날이 올지도 모릅니다. 저는 그 아이와 놀기 시작하면서 삶이 풍요로워졌습니다. 한층 더 생동감 있는 삶을 살게 되었고, 고갈된 에너지를 다시 채우는 법을 알았으며, 창조성이 꽃을 피우기 시작했답니다.

아티스트 데이트하기

●

1. 주 1회, 2시간 동안 나만을 위한 시간을 낸다.
2. 반드시 혼자 놀아야 한다.
3. 내 안의 어린아이가 무엇을 원하는지 살펴보고, 그 아이와 놀아 준다.

내 안의 창조성을 깨우는 10가지 방법*

●

다음에 소개하는 내용 중 마음에 드는 항목을 골라서 시도해 보고, 나만의 새로운 방법들을 계속 찾아가보세요. 어떤 일을 할 때

---

* 줄리아 카메론, 《아티스트 웨이》(청미)를 참고하였습니다.

내 안의 어린아이가 좋아하는지 그 아이가 알려줄 겁니다. 다음은
제 경험을 바탕으로 한 활동입니다.

1. 동네 문구점에 가서 스티커, 엽서, 색연필 같은 것들을 사봅니다.
   그것들을 활용해서 다이어리를 꾸미는 데 써보거나 색연필로 만
   다라 문양을 색칠해 보면서 놀아봅니다.

2. 만약 내가 가상의 인생을 살 수 있다면 어떤 삶을 살고 싶은지 5
   가지만 적어봅니다. 저는 싱잉볼 힐러, 명상 지도자, 작가, 인정받
   는 교사, 비폭력대화 전문가가 되고 싶다고 2년 전에 적어두었는
   데, 2년이 지난 지금 놀랍게도 그 모든 것이 거의 다 이루어졌어
   요. 5가지 중에서 하나를 골라 이번 주에 그것을 해보세요. 예를
   들어 가수라고 적었다면 기타를 치면서 노래를 해보거나 코인노
   래방이라도 가서 노래를 불러보는 겁니다.

3. 내면의 아티스트와 데이트를 한다고 생각하고 산책을 해보세요.
   가까운 공원이나 숲을 찾아가면 더욱 좋겠죠. 아니면 동네의 골
   목 산책도 좋아요. 여행자가 된 기분으로 일상의 공간도 낯설게
   보면서 걷다 보면 삶이 곧 신나는 모험이 됩니다.

4. 내가 즐기는 일을 20가지 정도 적어보세요(등산, 산책, 미술관 가기,

요리하기, 자전거 타기, 소설 읽기, 낙서하기, 일기쓰기, 사진 찍기, 맛집 탐방 등). 내가 무엇을 좋아하는지 떠오르는 대로 자유롭게 써보고 언제 내가 이 일을 했었는지 돌아보세요. 이 목록은 매주 아티스트 데이트를 할 때 좋은 참고 목록이 됩니다.

5. 나의 내면 아이에게 질문을 해보세요. 내면 아이에게 이름을 붙여줘도 좋아요. 만약 내 안의 어린아이에게 '노랑'이라는 이름을 붙여주었다면 "노랑아, 뭐 하고 싶어?", "노랑아, 이제 어디 갈까?", "노랑아, 오늘은 뭐가 먹고 싶니?"라고 마음속으로 물어보세요. 그리고 그걸 해주세요.

6. 내 삶에서 바꾸고 싶은 열 가지를 목록으로 적어보세요. 책상 정리를 해야지, 손님을 집에 초대해야지, 헤어스타일을 바꿔봐야지, 네일아트를 해봐야지, 이불을 새것으로 바꿔봐야지, 무리한 부탁에 대해서는 거절해 봐야지 등이 있다면 그중에서 한 가지를 이번 주에 실천해 보세요.

7. 내가 정말 해보고 싶은데 하지 못하고 있는 것들을 열 가지 적어보세요. 나 스스로 못 할 것이라고 억압하고 있는 것들은 없나요? 저는 춤 배우기, 영어책 번역하기, 집 꾸미기, 서재 마련하기, 전시 기획하기, 혼자 여행가기, 그림책 작가되기, 연극이나 뮤지컬 배

우되기 등이 떠오르네요. 이런 것들을 이렇게 적어보는 것만으로도 그 일을 시도해 볼 수 있는 가능성이 더 열리게 됩니다.

8. 이미지 스크랩북을 만들어보세요. 내가 원하는 것들의 이미지를 찾아서 인터넷에서 출력하거나 잡지에서 오려서 붙여봅니다. 이것을 붙여놓고 계속 추가해 나갑니다. 저는 커다란 도화지 한 장에 이미지를 붙이고, 그것으로 충족하고자 하는 나의 욕구 단어들도 함께 적어놓았어요. 이것을 자주 볼 수 있는 곳에 붙여놓으면 좋습니다.

9. 평소에 이런저런 이유로 미뤄두고 있는 즐거움을 적어보세요. 퇴직 후에 하고 싶다고 생각하는 것 중에서 지금 당장 할 수 있는 것이 있다면 그때까지 미루지 말고 지금부터 조금씩 시도해 보세요. 저는 퇴직 후에 그림책 읽어주는 할머니가 되고 싶다고 생각해 왔거든요. 그렇다면 지금부터라도 도서관에서 봉사활동을 하거나 동네 꼬마들을 모아놓고 그림책을 읽어주는 재능 기부를 해볼 수 있지 않을까요?

10. 요즘 유행하는 소확행을 실천해 보세요. 나를 위한 작은 사치를 허용해 보는 거죠. 저는 매달 네일아트를 하는데 어찌 보면 사치스러워 보이는 취미지만 저를 가꾸고 돋보이게 해주는 효과가

있는 데다 확실한 기분 전환이 돼서 몇 년째 계속하고 있어요. 나를 소중하게 여긴다면 나에게 구두쇠가 되어서는 안 돼요. 꼭 물질적인 사치만을 의미하는 말은 아닙니다. 나에게 시간의 사치를 허용할 수도 있는 것이죠. 그저 놓아버리고 아무것도 하지 않는 시간을 선물하는 것도 아주 멋진 소확행이 될 수 있습니다. 제가 새로 시도하려는 소확행은 명상 클래스에 등록하는 일입니다. 나를 편안하게 쉬게 하고, 마음의 평화를 선사하는 시간을 나에게 정기적으로 선물해 줄 생각이랍니다.

위에 제시한 내용 중에서 마음에 들어오는 방법을 골라서 적어보세요.

_____

_____

선생님은 평소에 자기 돌봄으로 어떤 방법을 활용하고 있나요? 나만의 노하우를 적어보세요.

_____

_____

소마틱스로
마음챙김
운동하기

요즘은 운동의 중요성에 대해 많은 분들이 인식하고 있습니다. 동료 선생님들 중에도 정기적으로 헬스클럽에 다니거나, 필라테스나 요가 등을 배우는 분들도 여럿 있지요. 저는 헬스장도 다녀보고 PT도 받아보고 필라테스도 잠시 배운 적이 있었는데, 워낙 운동을 못하고 싫어하는지라 오래 가지 못하고 몇 개월 하다가 그만둔 적이 많습니다. 그런데도 다행히 비교적 건강한 체질로 살아왔고, 일에 몰두하다 보면 아픈 줄도 잘 몰랐던 것 같습니다. 그저 많이 지치고 피곤할 때 조금 쉬어주면 큰 문제 없는 정도로 여기며 살아오다 보니 어쩌면 몸에 대해서는 참으로 무지했다고 고백할 수밖에 없네요.

요즘은 온라인 수업 준비와 각종 화상 회의 등으로 하루 종일 컴퓨터 앞에 앉아 있으니 어깨와 목에 무리가 가는 듯하고, 코로나로 인해 산책조자 자주 하지 못해 온몸이 더욱 경직되고 피곤을 느끼게 됩니다. 그러다 보니 운동이 필요하다는 생각을 종종 하게 되더군요. 특히 일하다가 과부하가 걸릴 때면 꼭 어딘가를 찾아가지 않더라도 잠시 쉬면서 스스로 할 수 있는 운동법을 알고 있다면 얼마나 좋을까 싶었어요.

마음챙김 명상이나 싱잉볼 수행을 하면서 좀 더 세심하게 나의 몸을 느끼고 알아가야겠다고 생각하던 차에 소마틱스를 만났습니다. 쉽고, 편하며, 효과적이고 지속 가능한 데다 더불어 내 몸을 알아차릴 수 있도록 도와주는 운동이니 이것이야말로 내가 원하던 운동법이구나 하는 확신이 들었지요. 소마틱스는 몸의 움직임을 통해 내가 알아차리지 못하던 곳의 감각을 깨우고, 무엇을 느끼는지 감각하며 스스로 이완하는 방법을 알려줍니다.

소마틱스는 바닥에 누워서 하는 운동입니다. 머리에서부터 내 몸을 하나하나 의식해 보면서 내 몸이 바닥에 어떻게 맞닿아 있는지부터 느껴봅니다. 바닥으로 떨어지는 내 몸의 무게를 느껴보고 호흡이 어디로 들어가는지를 느껴보기도 하지요. 우리 몸이 빨리 움직일 때는 활동근 위주로 움직여서 속근육이 발달하지 않는다고 합니다. 오히려 천천히 움직여야 미세한 작은 근육이 발달하게 되는 거지요. 그때의 감각을 기억할 수 있도록 같은 동작을 몇 번 하고 나면 반드시 잠시 쉬는 시간을 갖습니다. 지금 했던 동작과 느낌을 뇌가 기억할 수 있도록 시간을 주는 것입니다.

스스로 원리를 이해하고 나면 정해진 동작만을 그대로 해야 하는 것이 아니라 스스로 자신에게 맞는 동작을 무궁무진하게 찾아갈 수 있다는 것도 소마틱스의 장점이자 커다란 매력입니다. 이처럼 내 몸을 나의 관점에서 보라는 인식의 전환이 저에게는 무척 매력적으로 다가왔습니다.

그동안 우리는 늘 우리의 몸을 제3자의 관점에서 보아왔습니다. 어디가 불편하면 일단 검사를 받아서 의사의 진단을 받고 그에 따른 치료법에 따르는 것이 상식으로 되어 있지요. 또 새로운 운동법을 배울 때면 대개 강사의 지시에 따라 가르쳐주는 대로 그대로 따라하는 것이 맞다고 생각합니다. 그러다 보면 잘 따라하는 사람과 그렇지 못한 사람이 확연히 구분됩니다. 즉 내 몸에 대한 진단을 다른 사람이 내리는 거지요. 그런데 내가 보는 내 몸은 과연 어떤가요? 내 몸과 대화를 자주 하시나요? 어디가 아픈지, 어디가 불편한지, 어디가 긴장되어 있는지 평소에 잘 살피고 있나요?《소마틱스》의 저자 토마스 한나(Thomas Hanna)는 제3자가 나를 보면서 평가한 몸을 '바디(Body)'라고 했고, 나 스스로 경험한 몸을 '소마(Soma)'라고 정의합니다. '소마틱스'라는 용어는 바로 여기에서 나온 것이고요.

우리가 어떤 동작이나 행동을 할 때는 당연히 몸에 긴장되는 부분이 있습니다. 그런데 그 동작을 하지 않을 때에도 몸 전체가 긴장되어 있는 상태라면 어떨까요? 그것을 스스로 느끼지도 못해서 지금 내가 긴장하고 있다는 것도 알아차리지 못한다면 내 몸은 어떻게 될까요? 사실은 제가 바로 그런 사람이었어요. 항상 새로운 활동에 관심이 가 있고, 주어진 역할은 평균 이상 해내야 한다는 책임감이 있는 편이라 저녁이 되면 종아리가 단단하게 굳어져 있을 때가 많았지요. 과로라도 하게 되면 아침에 일어날 때 등이 아파서 힘든 적이 많았답니다.

소마틱스는 이런 나의 몸을 스스로 이완시킬 수 있는 경험을 선물했습니다. 이제는 근육이 이완되면서 툭 떨어질 때의 그 느낌을 기억합니다. '아, 여기에 지금 긴장이 있네? 힘을 좀 풀어볼까?'라고 생각하면서 그 부분에 의식을 보내면 근육이 그 말을 알아듣기라도 한 듯이 반응을 합니다. 책을 읽으면서도 한 자세만을 고정하지 않고 조금씩 자세를 바꿔가면서 목과 등의 긴장을 풀면서 읽었더니 장시간 독서를 했는데도 등이 말랑말랑해지는 경험을 했지요.

소마틱스의 핵심은 내 몸의 어디가 긴장되어 있는지를 수시로 살피는 겁니다. 장시간 같은 자세를 유지했다면 당연히 그 부분이 많이 경직되고 힘이 들어갔겠지요? 그러니 중간에 자세를 바꿔줘야 하고 한 번씩 일어나서 걸어다닌다거나 어깨와 목을 풀어준다거나 하는 동작들이 필요하겠지요. 이걸 스스로 민감하게 알아차리라는 겁니다.

아픈 부위가 있을 때는 그곳에 나의 호흡과 사랑을 보내면서 천천히 움직여보세요. 아주 천천히 움직이면서 그 부분과 만난다는 생각을 하는 거지요. 내 몸과 대화를 나눈다고 생각해도 좋아요. 내 몸에게 물어보세요. "지금 어떻게 해주기를 원해? 무엇이 필요하니? 내가 어떻게 도와줄까?" 하고 말이에요.

몸을 이완시킬 때 가장 먼저 신경 써야 할 부분은 턱입니다. 입을 다물고 있더라도 쉴 때는 하관을 툭 떨어뜨린다는 기분으로 턱을 이완시켜줍니다. 목이 아플 때는 천천히 고개를 돌리면서 아픈 부분에서 잠시 멈춰보세요. 뻐근함이 느껴지는 부분에서 잠시 멈춰서 호흡을 그쪽으로 보낸다고 생각하면서 천천히 몇 번 호흡을 해보세요. 마음속으로 따뜻한 말 한마디를 건네보아도 좋습니다. '여기가 많이 뭉쳐 있었구나. 힘들었겠다. 이제 괜찮아. 내가 이렇게 풀어줄게.' 하면서 나를 위한 위로의 말을 전해 주세요.

의자에서 호흡과 골반 부드럽게 하기*

●

의자에 앉아서 일하느라 굳어진 몸을 다시 생기있게 회복할 수 있도록 돕는 작고 부드러운 동작입니다. 다음과 같이 따라해 보세요.

의자의 약간 앞쪽에 걸터앉아 두 발이 바닥에 안정적으로 닿도록 합니다.

골반을 수직으로 세운다고 생각하고 척추를 길게 만듭니다. 엉덩이 아래에 손을 넣으면 뾰족한 골반 부분을 느낄 수 있습니다. 그것이 좌골입니다. 좌골을 수직으로 세워 앉습니다.

허벅지 위에 손을 가볍게 올립니다.

---

* 소마틱스 전문가인 홍세희 선생님께 배운 방법입니다.

호흡을 가볍게 들이마시며 골반을 앞으로 숙입니다. 꼬리뼈는 뒤쪽으로 들어 올린다고 생각해도 좋습니다. 이때 가슴과 시선은 정면을 바라보며 늑골이 확장되고 등은 아치를 만듭니다.

호흡을 내쉬며 골반이 뒤로 물러나게 합니다. 꼬리뼈는 앞쪽으로 말아 올린다고 생각해도 좋습니다. 이때 가슴과 시선은 배꼽을 향하게 하며 등은 둥글게 말립니다.

이 동작을 부드럽게 반복합니다. 스트레칭을 하는 것이 아닌 몸을 깨우는 움직임이기에 처음부터 크고 세게 하는 것이 아니라 몸을 달래듯 조금씩 움직임이면 점차 척추의 움직임이 커짐을 발견할 수 있습니다. 많이 하지 않아도 됩니다. 많이 한다고 효과적인 것은 아닙니다. 내 몸이 편안하다고 여기는 정도까지만 합니다. 너무 무리해서 하지 않는 것이 중요합니다.

호흡을 내쉴 때 가슴을 내리고 배를 납작하게 하여 모든 숨을 다 내뱉도록 합니다. 그랬을 때 더 큰 호흡을 들이마실 수 있습니다.

들이마시는 호흡보다 내뱉는 호흡이 길지 않은 경우가 많습니다. 그러면 호흡은 점점 짧아지고 가슴이 답답해지기도 합니다. 되도록이면 들이마시는 호흡보다 내뱉는 호흡을 조금 더 길게 하도록 합니다.

응용하기 1

위와 같은 자세로 앉아서 엉덩이를 한쪽씩 들어올렸다가 내립니다. 엉덩이를 들어올리는 쪽의 발바닥은 바닥을 좀 더 지지하듯 밀어냅니다. 어깨의 수평은 유지하며 머리와 함께 중심 이동에 따라 수평으로 이동합니다. 그리고 등이 구부러지지 않도록 척추를 바로 세우도록 합니다.

들어 올려지는 옆구리의 길이가 줄어들고 반대쪽은 길어짐을 느껴봅니다.

응용하기 2

골반(엉덩이)은 유지하고 머리와 어깨를 좌우로 기울여봅니다. 양손으로 머리 뒤를 가볍게 받치고 팔꿈치는 편안한 범위에서 옆으로 벌려 유지합니다. 좌우로 기울일 때는 머리와 양어깨부터 기울어지도록 합니다. 기울였을 때 머리의 중력을 따라가며 들려진 팔꿈치는 하늘을 향하도록 밀어 올려봅니다. 그러면 늑골 사이사이가 벌어지는 것을 느끼게 됩니다. 기울인 상태에서 숨을 크고 부드럽게 들이마셔 봅니다. 잠시 멈추었다가 부드럽게 내쉽니다. 그리고 상체를 일으킵니다. 이 동작을 한쪽씩 3~4회 정도 반복합니다. 위 동작과 마찬가지로 처음부터 많이 하는 것이 아니라 달래듯 조금씩 움직이는 것이 중요합니다.

Tip

움직임은 감각으로 기억한다는 것을 잊지 말고 매순간 체험의 감각을 의식하고 인지하도록 합니다. 그렇게 하면 자고 있던 감각이 눈을 뜨고 생기와 본래의 기능을 회복할 수 있습니다.

멈춤을 위한
제로 명상

몇 년 전에 학교에서 자유학기 팀장이라는 업무를 맡았습니다. 자유학기제라는 것이 처음 도입되는 시기였고 학교에서는 아무도 그 일에 대해서 경험한 사람이 없었지요. 저는 그 일을 진심으로 잘 해내고 싶었습니다. 자유학기제라는 제도의 취지에 제가 많이 공감하고 있었고, 한 학기만이라도 지필평가에서 벗어나 학생들에게 자유롭고 다양한 경험과 공부의 기회를 준다는 것이 제 가슴을 뛰게 했지요. 제대로만 한다면 학생들에게 유익한 일이라는 생각이 들었고, 그럴수록 정말 제대로 하고 싶다는 마음이 들었습니다.

뜻이 잘 맞는 동료 선생님 몇 분과 자유학기팀을 만들었고, 함께 모여 아이디어를 내는 과정에서 새롭게 '드림 엑스포'라는 행사를 기획하게 되었습니다. 학생들이 몇 명씩 팀을 만들고 자신들의 관심 주제에 따라 부스를 운영하도록 장을 열어주기로 한 것입니다. 처음 해보는 일이었고 한 학년이 체육관에서 이틀간 모여 있는 행사라 신경 써야 할 것이 한두 가지가 아니었습니다. 해보지 않은 일에 대한 두려움과 걱정도 있었지만 이 일을 통해 학생들이 즐거워할 모습을 상상하며 열심히 준비하고 추진했습니다.

팀장으로서 이 일을 성공적으로 해내서 내가 인정받고 싶다는 생각은 그때 제 머릿속에 없었습니다. 이왕 맡게 된 것이니 그 취지에 맞게 학생들의 자발성을 살려주고 각자의 재능이 발현될 수 있는 기회를 주고 싶다는 마음 하나로 움직였던 거지요. 그런 마음이 잘 전달되었는지 동료 선생님들은 물론이고 학부모회의 전폭적인 지원과 협조, 학생들의 적극적인 참여로 행사를 준비하는 과정부터 실제 행사가 이루어지는 이틀 내내 정말 기적처럼 일이 순조롭게 진행되는 것을 경험했습니다.

아마 이 글을 읽는 분들 역시 이런 경험이 다들 있으실 겁니다. 소위 말하는, 욕심을 내려놓고 마음을 비우니 일이 더 잘 되더라는 경험 말이에요. 이 일을 꼭 잘 해내야지 하고 몸과 마음에 힘을 주고 있을 때는 혹시라도 노력한 만큼 결과가 미치지 못했을 때 좌절하거나 마음에 고통이 찾아옵니다. 오히려 그냥 내가 할 수 있는 만큼 한다는 생각으로 자연스럽게 마음 가는 대로 사랑을 담아서 하는 일들은 큰 힘을 들이지 않은 것 같은데도 일이 술술 잘 풀려나갑니다.

그렇다면 이런 마음 상태는 어떻게 가능해지는 걸까요?

영성이나 마음 공부와 관련된 책들을 보면 '에고'라는 표현이
종종 나옵니다. 에고를 내려놓으라는 표현도 자주 보이고요.

서양 심리학에서 말하는 기술적 의미의 자아(ego)란 우리의 마음
이 가진 건강한 자기 조직적 측면을 말한다. 반면 영성적 측면에서
흔히 말하는 자아는 '자기중심적', '이기적'이라는 단어에서 보듯이
다소 부정적인 의미를 갖는다.
　　－ 잭 콘필드,《마음이 아플 땐 불교 심리학》중에서

싱잉볼 전문가인 천시아 선생님은 이를 위해 내 마음이 '제로'
상태가 되어야 한다고 설명합니다.*'무아(no-self)' 또는 '자아 없
음(selflessness)'이라는 말로 에고가 사라진 상태를 표현하는데, 지금
까지 나라고 생각해 왔던 모든 것을 내려놓고 비워진 상태, 즉 '나'
라고 여겨왔던 에고가 사라진 상태가 바로 제로 상태입니다.
　혹시 내가 하려는 말이나 행동이 나의 이기심에서 비롯된 것은
아닐까요? 물론 사람은 모두 자신의 욕구를 충족하기 위해 살아가
는 존재이므로 나를 위한 것이 다 잘못되었다는 뜻은 아닙니다. 다
만 내가 가려고 하는 방향이 나 혼자 잘먹고 잘살겠다는 방향은 아
닌지, 나와 내 가족을 남보다 좀 더 잘나 보이게 하고 더 잘살고 싶

---

* 　천시아,《제로-현실을 창조하는 마음 상태》(젠북)를 참고하였습니다.

은 욕망에서 나오는 행동은 아닌지 점검해 보는 거지요.

우리는 모두 연결되어 있는 존재입니다. 결코 나 혼자 행복해질 수는 없는 거지요. 나부터 돌봐야 하는 것은 맞지만 그건 나만 혼자 잘살겠다는 의도는 아닙니다. 나를 잘 돌볼 수 있는 그 마음으로 다른 사람들과 내가 만나는 학생들도 잘 돌보고, 더 나아가서는 이 세계에 내가 어떻게 기여하는 존재로 살아갈 것인가에 내 삶의 방향을 맞춰야 한다는 의미입니다.

얼마 전부터 제 마음에는 어떤 일을 할 때 판단하는 기준이 생겼습니다.

- 나는 이 일을 두려움을 피하기 위해서 하는가, 아니면 사랑의 마음으로 기꺼이 하는가?
- 나를 내세우고 싶은 마음으로 하는가, 아니면 진정 타인을 위하고 사랑하는 마음으로 하는가?

이 두 가지의 기준으로 생각해 보면 대개 제가 나아갈 방향이 잡히곤 합니다.

내가 움직이는 동력이 사랑이라는 것을 인식하게 되면서 제 삶은 조금 더 생동감 있고 에너지 넘치게 변했습니다. 무엇을 하든지 학생들에 대한 사랑, 동료들에 대한 사랑으로 해보겠다는 마음으로 하니 새로운 활동들을 계속 시도하면서도 크게 지치지 않을 수 있었습니다. 누군가에게 잘 보이기 위해 행동하거나 혹은 누군가의 질책을 받고 싶지 않아서 행동할 때는 생동감이 없고 재미가 없는데, 사랑의 욕구와 연결하여 그 에너지의 자연스러운 발현으로 움직일 때는 그야말로 일당백의 에너지가 나오는 것을 느낍니다.

저는 이 사랑의 에너지에 있을 때, 즉 저의 이기심(에고)을 내려놓을 때를 제로 상태라고 생각합니다. 이런 상태로 내 마음을 세팅하려면 옳고 그름에 대한 분별심을 내려놓고 모든 것을 무심하게 바라보고 수용하려는 자세가 필요한데 그것이 바로 마음챙김의 자세지요. 물론 쉽게 되는 것은 아닙니다. 이런 제로 상태에 접속하기 위해서는 역시 꾸준한 명상 수련이 필요합니다.

멈춤을 위한 제로 명상

●

일반적인 명상은 알아차리려고 하는 것인데, 이 명상은 자각하
는 그 행위조차 멈추는 명상입니다.

자리에 앉아 눈을 감은 상태에서 내 몸을 느끼며 자연스럽고 편
안하게 호흡합니다. 온전히 나의 몸에만 의식을 집중합니다. 내 호
흡을 느끼기 위해 어떠한 노력도 할 필요가 없고, 알아차리기 위해
무엇인가를 하려고 하지 않습니다. 무의식적으로 올라오는 생각이
나 느낌들도 그냥 멈춥니다. 나의 의식이 자꾸 무엇인가를 하려고
한다면 지금 이 순간은 어떠한 것도 의식하지 않겠다고 나에게 말
해 줍니다. 완전히 멈춰서 고요 속에서 머무르며, 내 몸에 어떠한 것
도 명령하지 않습니다.

잠시 이 순간, 고요하게 앉아서 나의 마음이 이리저리 흔들리지

않도록 그저 가만히 존재합니다. 이 순간에 어떠한 목표를 찾으려고 하지 않습니다. 내 생각이나 느낌이 멈춘 고요한 지점에 머물러 보세요.

이 명상을 할 때 싱잉볼을 활용하면 명상에 익숙하지 않은 사람도 쉽게 제로 상태에 머물 수가 있습니다. 다음과 같은 방법으로 활용해 보세요.

1. 적당한 사이즈의 싱잉볼을 한쪽 손바닥 위에 올려놓고, 스틱을 이용해서 가장자리를 칩니다.
2. 싱잉볼 소리의 끝을 따라간다고 생각하며 가만히 그 소리에 머무릅니다.
3. 싱잉볼 소리가 끝난 지점(제로 포인트)을 발견했다면 그 순간에 몇 초간 더 머물러봅니다.
4. 계속 이 연습을 하면서 멈춤의 순간이 조금씩 더 길어지도록 해봅니다.

싱잉볼로
마음챙김하기

　싱잉볼이라는 도구는 제가 아주 우연한 계기에 선물처럼 만나게 된 삶의 친구입니다. 띵샤라는 명상 용품을 구입하기 위해 어느 날 판매점에 방문했다가 크고 작은 싱잉볼들이 가게 전체를 채우고 있는 것을 보고 깜짝 놀랐습니다. 싱잉볼이라는 것을 한두 번본 적은 있었지만 이렇게 다양한 종류가 있다는 것은 알지 못했기 때문이었지요. 신기해하는 저에게 직원이 싱잉볼에 대해 설명해주며 커다란 싱잉볼 안에 들어가 서보라고 하고 싱잉볼을 쳐주셨는데 발부터 머리끝까지 몸 전체로 퍼져나가는 진동 속에 서 있던 그 느낌을 지금도 잊을 수가 없답니다. 그때 이후로 순수한 호기심이 생겨 센터에서 이루어지는 교육에 참여하게 되었고, 결국은 싱잉볼 힐러, 싱잉볼 명상 지도자 과정까지 수료하게 되었습니다. 싱잉볼은 이제 저와는 뗄 수 없는 인생의 동반자가 되었지요.

노래하는 그릇이라는 뜻을 가진 싱잉볼(singing bowl)은 '명상 주발'이라고도 불립니다. 저는 수업을 시작할 때 1분 정도 싱잉볼 소리를 들려주며 학생들과 명상을 합니다. 교사들과의 공부 모임을 진행하거나 다양한 대화 모임을 할 때도 자주 싱잉볼 명상으로 시작하곤 합니다.

싱잉볼은 사람들에게 많은 호기심을 유발시키는 도구입니다. 뭔가 신비스러워보이기도 하고 소리를 들어보면 묘한 이끌림이 생겨 또 듣고 싶다는 생각이 들기도 하지요. 학생들도 무척 좋아해서 제가 싱잉볼을 들고 교실에 들어가면 서로 쳐보고 싶다고 합니다. 쉬는 시간이 되면 여러 명의 학생들이 싱잉볼 주위에 모여들어 치는 방법을 알려주기도 합니다.

싱잉볼 소리는 뇌파를 안정시켜주고 몸과 마음을 편안하게 이완시켜줍니다. 싱잉볼의 조화로운 소리에 우리 몸의 주파수가 동조 현상을 일으켜서 명상 상태의 뇌파인 알파파, 세타파의 상태로 만들어줍니다. 명상을 배우지 않은 사람도 쉽게 명상 상태로 이끌어준다는 점이 매우 큰 장점이지요.

저는 '피스메이커'라는 학생 동아리를 운영하면서 학생들에게 싱잉볼 명상을 좀 더 본격적으로 소개하기 시작했습니다. 학생들을 요가 매트에 눕게 하고 30분 정도 싱잉볼을 활용한 뮤직테라피를 해주기도 합니다. 다음은 제가 학생들과 선생님들께 해드리는 싱잉볼 명상 멘트입니다.

(도입) 오늘은 싱잉볼과 함께 몸을 편안하게 하고, 마음을 차분하고 평화롭게 하는 명상을 해보겠습니다. 싱잉볼 소리는 우리의 몸과 마음을 부드럽게 어루만져주면서 치유하는 효과가 있습니다. 지금부터 싱잉볼 소리를 들으면서 복잡한 머리를 푹 쉬게 하고, 긴장과 스트레스를 해소하여 내 마음을 평화롭게 하는 시간을 가져봅시다.

(이완) 먼저 몸을 바르게 하고 명상 자세를 잡아봅시다. 손은 무릎 위에 올려둡니다. 눈을 감고 천천히 호흡해 봅니다. 숨을 천천히 들이마시고, 천천히 내쉽니다. (3회 반복)
너무 무리해서 느리게 하려고 애쓰지 않아도 좋습니다. 각자의 호흡에 맞춰 조금 더 천천히 숨을 들이마시고 내쉬어보세요.
천천히 나가는 호흡에 나의 몸의 답답한 에너지들이 천천히 빠져나가는 것을 느껴보세요. 호흡과 함께 내 몸이 조금씩 편안하게 이완되는 것을 느껴봅니다.

(본명상) 이제 천천히 들려오는 싱잉볼 소리를 들으면서 편안하게 호흡해 봅니다. 싱잉볼 소리에 귀를 기울여보세요. 싱잉볼 소리의 끝을 따라가보세요. 소리에 집중을 할 때 내 머릿속의 생각이 사라지는 것을 느껴보세요. 싱잉볼 소리가 나를 마음속 평화의 집으로 데리고 간다고 상상해 보세요. 우리는 모두 아름답고 안전한 장소를 마음속에 가지고 있습니다. 그곳은 언제나 완전한 평화를 누릴 수 있는 곳입니

선생님의 마음챙김

다. 싱잉볼 소리는 호흡과 함께 나를 그곳으로 안내해 줍니다. 내 마음이 평화롭고 차분하며 맑아진 것을 느낀 적은 언제인가요? 나는 어떤 곳에서 평안함과 안정감을 느끼나요? 그곳을 한번 떠올려봅니다. 혹시 그런 경험이 잘 떠오르지 않는다면 내가 생각할 수 있는 가장 아름답고 평화로운 곳을 한번 상상해 보세요. 지금 나는 그곳에 있습니다.

그곳에서 나는 아무 걱정이 없습니다. 아무런 불안도 없습니다. 꼭 해야 할 일도 없으며, 그저 여유롭고 평화롭게 쉴 수 있는 곳입니다. 나의 마음은 점점 편안해지고 고요해집니다. 이곳에서 나는 자유롭습니다. 밝고 따뜻한 에너지가 나를 감싸고 있습니다. 이곳에서 나는 아름답고 멋지고 사랑스러운 모습으로 존재합니다. 천천히 호흡하면서, '나는 차분해집니다.'라고 나 자신에게 말해 봅니다. 싱잉볼 소리를 들으며, '나는 나 자신에게 미소를 짓습니다.'라고 나에게 말해 봅니다.

이제 나의 마음을 싱잉볼 소리에 실어서 보내봅시다. 이것은 세상에 나의 사랑을 전하는 것입니다.

천천히 호흡하면서 마음속으로 이렇게 말해 봅니다.

'이 소리를 듣는 사람들이 모두 평화로워지기를….'

싱잉볼의 소리를 들으면서 이렇게 말해 봅니다.

'이 소리를 듣는 사람들이 모두 행복해지기를….'

이번에는 나를 향해서도 이렇게 소망해 봅니다.

'내가 온전한 나로 당당하게 살아갈 수 있기를…'

'어느 누구보다 내가 먼저 평화롭기를…'

'내가 만나는 사람들에게 평화와 사랑을 전할 수 있기를…'

내 마음속 평화의 집을 기억하세요. 언제라도 나는 이곳에서 다시 쉴 수 있고 평화로워질 수 있습니다.

싱잉볼 소리를 따라 다시 현실 세계로 돌아옵니다. 숨을 천천히 들이마시고, 천천히 내쉽니다. (3회 반복)

편안하게 호흡하면서 천천히 나의 의식이 깨어납니다. 깨어날 준비가 되었을 때 가만히 눈을 뜹니다.

자, 평화로운 시간 보내셨나요? 평화는 언제나 내 마음속에 있다는 것을 기억하세요. 이것으로 싱잉볼을 통해 마음을 평화롭게 하는 명상을 마치겠습니다.

다음은 싱잉볼 명상을 경험한 학생들의 후기입니다. 학생들의 소감을 읽으면서 많은 감동을 받았고, 앞으로도 마음챙김 활동을 계속 해나갈 수 있는 용기까지 얻게 되었습니다.

- 싱잉볼 명상을 하면서 내 몸의 아픈 부분을 느낄 수 있었다. 색다른 경험이었다. 소리만으로 뭔가 피로가 사라지는 것이 신기면서도 시간이 너무 짧게 느껴져 한 번 더 하고 싶다. 싱잉볼의 소리가 그저 좋았다.

- 실제로 명상을 누워서 해보는 것이 신기한 경험이었고 정말 마음이 편안해졌다. 싱잉볼은 그후로도 유트브로 찾아서 들었는데 마음이 편안해진다. 가끔 찾아 듣게 된다.
- 처음으로 중학교에 등교한 날이어서 긴장도 많이 되고 몸에 힘도 많이 들어간 상태였는데 선생님께서 편하게 쉴 수 있는 싱잉볼 명상을 해주셔서 좋았다.
- 싱잉볼을 치는 순간 나만의 세상에 들어가는 것 같았고 눈을 떴을 때는 아쉬움이 컸지만 마음의 평화를 찾은 것 같았다.
- 싱잉볼이 단순한 것인 줄 알았는데 그것보다 훨씬 조화롭고 절대 단순하지 않은 '악기'라는 것을 알았다. 흥미롭고 재미있었다.
- 싱잉볼 명상을 학교에서 직접 했을 때 눈을 감아도 색깔이 보이는 신비한 현상을 경험할 수 있었다.
- 싱잉볼 명상은 마음이 편안해지는 느낌을 받아서 좋았다. 다음에도 싱잉볼 명상을 하고 싶다.

에필
로그
Epilogue

2020년에 처음으로 학교 안에 교원 힐링 동아리를 만들었습니다. 제 꿈 중 하나가 제가 배운 것들을 우리 학교 선생님들과 함께 나누고 싶다는 것이었지요. 그런데 다른 곳에서는 제가 배운 것들을 편하게 이야기하면서도 정작 우리 학교 선생님들께는 잘 표현하지 못했습니다. 하지만 제 마음은 항상 나와 함께 있는 동료들에게 그동안 배운 것들을 전하고 싶었습니다. 그렇게 학교에 싱잉볼을 가져다놓고 선생님들 앞에서 처음으로 싱잉볼 뮤직테라피를 해드렸을 때 얼마나 기뻤는지 모릅니다.

함께 고생하는 동료들과 마음을 나눌 수 있는 시간을 자주 갖는 것은 매우 중요하다고 생각합니다. 업무적인 이야기를 넘어 진솔한 속이야기를 나누는 시간 말이지요. 평소에는 다들 바빠서 자기일 하기에도 정신없는 하루를 보낼 때가 많은데, 그래도 가능하면 가까운 동료들의 일상이나 표정에 관심을 가지려고 노력하는 편입니다.

제가 근무하는 학교는 사립이다 보니 함께 근무하는 세월의 힘이 커서 비슷한 또래의 선생님들과는 거의 20년 넘게 서로를 봐왔고 미운 정 고운 정이 다 들어서 정말 끈끈한 마음이지요. 그렇게 함께 근무하다 보니 늘 어리다고 생각했던 제가 이제는 어엿한 중견 교사이자 선배 역할을 해야 하는 나이가 되어 있더군요. 전에는 우리반 학생들이나 학부모들을 공감해 드리는 정도로 만족하던 제가 이제는 교사들의 아픔과 고단함 또한 위로하고 돕고 싶다는 마음이 점점 더 커져갑니다.

다음은 마음챙김 활동을 함께한 뒤 선생님들께서 남겨주신 글입니다.

- 명상을 하면서 자신을 잊고 이완하고 스트레스를 완화할 수 있어 좋았어요. 명상에 대해 배울 수 있게 된 것도 좋았고, 힐링 그 자체였습니다.

- 평소 업무와 수업 준비로 바쁜 나날 속에서도 함께 모여 자신의 이야기와 여러 화제들에 대해 자유롭게 생각과 의견을 공유함으로써 소소한 행복을 느낄 수 있었어요. '망중지한'이라는 말처럼 눈을 감고 들리는 싱잉볼 소리에 머리와 마음에 쌓인 노폐물을 비우고 에너지를 얻을 수 있었습니다.

- 정신없는 학교 업무와 온라인 수업으로 바쁘게 지나가는 시간들 사이에서 잠시라도 조용하게 내 자신을 들여다보고 차분해지는

시간이 정말 좋았습니다.

마음챙김을 나누는 일을 좀 더 열심히 해봐야겠다는 생각에 SNS를 통해서 마음챙김을 본인의 삶에 적용하고 학교에서도 실천해 보고 싶으신 분들과 함께 모임을 하고 싶다는 글을 올렸습니다. 저 혼자서는 한 개인의 실천으로 끝날 수도 있지만, 모임을 만들고 함께할 때 힘이 생긴다고 생각했거든요. 현재 이 모임에는 20명 정도의 초중고 선생님들이 고루 모여 있는데, 30대부터 50대까지 연령대도 다양합니다. 지역도 서울, 춘천, 인천, 광주 등으로 전국적인 모임이지요.

모임 선생님들과는 한 달에 두 번, 토요일 저녁에 온라인으로 모여서 함께 명상도 하고, 마음챙김 관련 책을 돌아가면서 발제하고 책에 나오는 활동들을 하나하나 함께 해보고 있습니다. 공부한 자료들을 밴드에 모아서 꾸준히 기록하고, 단체 메신저 방에서는 매일 자기가 명상한 내용을 인증하지요. 혼자서 명상 수련을 하다 보면 금방 의지가 시들해지지만 이렇게 함께하는 동료가 있으면 긍정적인 자극도 받고 서로 응원해 주면서 함께 가는 힘이 크답니다.

- 요즘 두려움이나 불안에 휩싸이는 순간이 오면 마음챙김이 필요한 순간이라는 것을 알아차리고, 지금 여기에서 내가 하고 싶은 것이 무엇인지 생각하며 돌아볼 수 있게 되었어요. 이 모임 덕분

에 아이들에게도 내가 느낀 고요의 순간을 경험해 볼 수 있도록 안내할 수 있었고, 교실에서 마음챙김을 전하는 뜻깊은 실천을 시도해 볼 수 있었던 것이 제게는 큰 의미로 다가옵니다.

- 산만하고 예민해서 과도하게 피곤할 때는 되려 잠을 못 자는 상태가 되곤 했었는데, 명상 호흡을 하는 것이 잠을 잔 것보다 더 정신이 맑아지는 것 같아요. 일이 많고 바쁘고 조바심이 날수록 마음챙김 수련을 하고 나면 집중력과 효율성이 높아지는 것 같아요. 불안함과 초조함도 가라앉고요.

- 마음을 자주 놓치기도 하지만 뜻을 같이 하는 선생님들과 서로 격려와 도움을 주고받다 보니 조금씩 마음의 안정과 여유가 제 몸에 퍼져나감을 느낍니다.

- 모임 덕분에 마음챙김에 대해 알아가고 있어 기뻐요. 가장 큰 도움은 부정적인 감정이 일어날 때 그것을 알아차리고 부정적인 감정에 깊이 빠지지 않도록 채널을 돌릴 수 있게 된 거예요.

선생님들과 함께하는 모임의 이름은 '선마음'입니다. '선생님의 마음챙김'을 줄인 말이고, '선한 마음을 가진 선생님들의 모임'이라는 뜻이기도 합니다. 이 모임을 통해 실천하고 변화되는 선생님들의 이야기를 듣다 보면 제 마음도 벅차오름을 느낍니다.

저는 앞으로 이 모임을 중심으로 전국의 학교에 마음챙김 명상을 소개하고 알리는 활동을 꾸준히 해나가려고 합니다. 마음챙김 명상을 해보고 싶은데 혼자서는 시작할 엄두가 안 나는 선생님들에게 길 안내를 하면서 용기를 드릴 수 있는 지지 그룹이 되고 싶은 마음입니다.

마음챙김을 꾸준히 하기 위해 제가 추천하는 가장 좋은 방법은 우선 주변에 마음챙김 친구를 만드는 것입니다. 여러 명이 어렵다면 마음에 맞는 동료 선생님 한 분이라도 좋습니다. 하지만 직접 모임을 만들기가 어렵거나 혼자 해볼 자신이 없다면 언제든 '선마음' 모임으로 오셔도 좋습니다(mavesa2121@gmail.com).

부록

학생들과
함께하는
마음챙김 활동

학생들과 함께 마음챙김을 하기 위해서는 먼저 교실 환경을 그에 맞게 조성하는 것이 좋습니다. 학생들이 좀 더 편안함을 느끼고 평화로운 분위기를 느낄 수 있도록 해주는 것입니다. 그렇다고 뭔가 거창한 준비나 환경이 필요한 것은 아닙니다. 교실 안에 식물을 두거나, 좋은 향기를 위해 아로마 오일을 활용해 보거나, 꽃을 꽂아두거나, 아름다운 그림을 걸어두는 것도 좋습니다.

눈을 감고 원하는 교실을 상상해 보세요. 만약 내가 교실을 마음대로 바꿀 수 있다고 상상한다면 어떤 모습이기를 원하나요? 학생의 입장이라면 어떤 교실을 원할지도 상상해 보세요. 그러고 나서 어떤 아이디어가 떠오르는지 적어보세요.

마음챙김을 할 때는 학생들의 나이와 발달 단계도 고려해야 합니다. 초등학교 저학년이라면 느린 동작을 함께 해본다거나 그림책 이야기 등을 통해서 접근하는 것이 효과적입니다. 초등학교 고학년이나 중학교 1~2학년들은 사춘기를 겪고 있기 때문에 불안한 마음이나 학업으로 인한 스트레스 등을 해소할 수 있는 방법으로 마음챙김 명상을 소개하면 좋습니다.

활동을 할 때는 마음챙김이 구체적으로 어떤 효과가 있는지를 소개해야 학생들이 그 의미를 이해하고 동기 부여도 받을 수 있습니다. 중학교 3학년부터 고등학생까지는 마음챙김을 하면서 일어나는 생각과 느낌에 대해 성인과 마찬가지로 깊이 있게 이야기를 나누어볼 수 있습니다. 물론 연령이 높다고 해서 꼭 심각하게 접근해야 한다는 의미는 아닙니다. 쉽게 다가갈 수 있는 활동부터 시작하더라도 저연령의 학생들보다는 시간을 좀 더 길게 운영할 수 있고, 학습이나 집중력, 심리적 안정감 등과 관련된 명상의 효과에 대해서 과학적인 근거를 알려주면 학생들에게 보다 영감을 줄 수 있습니다.

마음챙김을 소개하는 활동

●

학생들에게 마음챙김에 대해 보다 쉽게 접근할 수 있는 활동 방법을 소개합니다.

처음 할 때는 진행 멘트를 대본처럼 앞에 놓고 그대로 해보면 좋습니다. 왠지 어색하고 잘할 수 있을까 하는 두려움이 생길 수도 있습니다. 하지만 생각보다 어렵지 않습니다. 안내 멘트를 미리 소리 내서 읽어보고, 자연스럽지 않다고 생각하는 표현은 나에게 맞게 수정해서 나만의 명상 멘트를 만들어도 좋습니다.

어느 정도 익숙해지면 굳이 대본을 보지 않고도 진행할 수 있는 힘이 생깁니다. 멘트를 할 때는 너무 급하지 않게, 한 문장과 한 문장 사이에 잠시 쉬었다가 다음으로 넘어가면 좋습니다.

활동을 시작할 때 사용하는 공통 멘트 ———

모든 활동을 시작할 때는 먼저 바른 자세로 앉고, 천천히 숨을 들이쉬고 내쉬는 멘트를 넣어줍니다.

허리는 곧게 펴고 몸은 편안하게 힘을 빼고 앉아봅시다.

눈을 감아보세요.

지금 나의 호흡이 어디에서 느껴지는지 한번 찾아봅니다.

천천히 숨을 들이마시고, 천천히 숨을 내쉽니다. (3회 반복)

이제 본인의 속도에 맞게 편안하게 호흡합니다.

마음챙김 소개하기 ──────

마음챙김 명상을 처음 소개할 때 꼭 한번 해보기를 권하는 활동입니다. 스노우볼을 이용해 명상의 원리를 시각적으로 잘 보여줄 수 있고, 핵심적인 내용을 전달하기에 매우 적합한 활동입니다. 스노우볼 대신 투명한 유리병에 물과 물풀, 반짝이 가루를 넣은 뒤 활용해도 됩니다.

여기 스노우볼이 있어요.

이 스노우볼을 잘 보세요. 지금처럼 이렇게 가만히 있을 때는 스노우볼 속에 있는 물체가 잘 보이죠?

이번에는 선생님이 스노우볼을 이렇게 뒤집어서 흔들어볼게요. 스노우볼 안의 모습이 어떤가요? (어지러워요) 이제 가만히 스노우볼을 놓아두고 가라앉는 것을 바라보면서 함께 호흡해 보아요. 조각들이 모두 가라앉았죠?

스노우볼을 우리의 머릿속이라고 생각해 볼까요? 선생님은 이 스노우볼이 우리의 머릿속과 아주 비슷하다고 생각해요.

여기 떠다니는 조각들 하나하나가 우리의 생각이라고 상상해 보세요. 우리 머릿속에도 이렇게 여러가지 생각들이 들어 있지 않나요? 어떤 때는 스노우볼을 뒤집어서 흔들었을 때처럼 머릿속에 생각이 가득차서 혼란스러울 때도 있죠. 그럴 때는 마음이 너무 분주하고 복잡해서 명료하게 바라보기가 어려워져요. 머리도 지끈지끈 아파오고 마음도 무겁지요. 그럴 때 앉아서 천천히 호흡하면서 마음챙김을 하다 보면 이 스노우볼처럼 머리가 맑아지고 편안해지는 것을 느낄 수 있을 거예요.

그런데 시간이 지났다고 해서 이 생각의 조각들이 완전히 사라지고 없나요? 우리가 마음챙김 명상을 할 때도 생각은 끊임없이 떠올라요. 그 생각들이 나쁘거나 없애버려야 할 대상은 아니에요. 아름다운 생각들로도 우리의 머릿속은 꽉 찰 수 있어요. 생각을 없애려고 하는 것이 아니라 그 생각이 거기에 있다는 걸 알아주면 되는 거예요. 이렇게 알아차리는 것이 매우 중요하답니다.

여러분에게 한 가지 질문을 하고 싶어요. 마음챙김 명상을 하면 스트레스는 다 사라질까요? 그렇지 않답니다. 스노우볼 속의 조각들이 이렇게 가라앉아 있지만 없어지지는 않듯이 마음챙김을 통해 우리의 마음을 좀 더 맑고 고요하게 할 수는 있지만 생각이나 스트레스가 다 사라지는 것은 아니에요. 그 대신 우리 주변에서 일어나는 일과 나의 마음속을 좀 더 명료하게 바라볼 수 있답니다.

생각과 몸이 연결되는 마음챙김 경험하기 ──

이 활동은 우리의 생각과 마음과 몸이 얼마나 깊이 연결되어 있는지를 바로 경험해 볼 수 있는 놀이입니다. 여기에 나오는 과일이나 음식은 다양하게 바꾸어서 활용해도 좋습니다. 어떤 것으로 하든 연상했을 때 맛과 모양이 쉽게 상상되는 것으로 하면 됩니다.

눈을 감고 편안하게 앉습니다. 이제부터 선생님의 안내에 따라 머릿속으로 이미지를 상상해 볼 거예요.

지금 나는 식탁 앞에 앉아 있습니다. 접시 위에 빨갛게 잘 익은 딸기 하나가 있어요. 노란 씨가 콕콕 박혀 있고 아주 싱싱하고 잘 익어서 맛있게 보이는 딸기입니다. 딸기를 손에 집어드니 촉촉하고 단단한 감촉이 전해져옵니다. 냉장고에서 꺼내서 조금 차갑기도 하군요. 이제 향기도 맡아봅니다. 아~ 달콤하고 상큼한 향기가 콧속으로 흘러들어와요. 이제 입 안에 넣어볼까요?

이것은 모두 상상입니다. 실제가 아니지요.

지금 여러분의 입 속에서는 어떤 일이 일어났나요? 느낀 것을 말해 주세요.

선생님은 입안에 침이 고이네요. 상상만 했는데도 말이지요. 정말 신기하지 않나요?

지금처럼 우리의 생각이나 마음이 몸에 영향을 미쳤던 적이 있었는지 한번 떠올려볼까요? 아, 시험 전날 배가 아팠던 경험이 있군요? 긴장이 돼서 잠이 안 오기도 했나요? 이렇게 걱정이 되거나 불안할 때 우리에게는 실제로 몸이 아픈 현상이 일어나곤 하지요.

반대로 즐겁거나 기쁜 일을 생각하기만 해도 우리의 몸은 반응한답니다. 어떤 경험이 있었는지 말해 줄 수 있나요? 친구들과 놀이공원에 놀러가기로 한 전날, 생각만 해도 기분이 좋고 몸에도 기운이 나지 않나요? 선생님은 금요일 급식을 먹을 때부터 기분이 좋아진답니다. 곧 퇴근 시간이 다가오고 주말에 쉴 생각을 하면 즐거워져서 말이죠.

이렇게 우리의 몸과 마음은 연결되어 있어요. 스트레스가 만병의 근원이라는 말도 그래서 나오지 않았을까요? 그러니 마음챙김을 하는 습관을 가지면 마음뿐만 아니라 몸도 건강해질 수 있다는 걸 잊지 마세요.

호흡에 집중하기 ───

숫자를 세면서 호흡에 집중할 수 있도록 합니다. 호흡을 처음 연습할 때 좋고, 들숨과 날숨의 차이도 비교해 볼 수 있습니다.

호흡과 관련된 놀이를 해봅시다.

손을 무릎 위에 올려놓고 몸을 편안하게 하고 앉아볼까요?

이제 허리를 곧게 세우며 몸을 쭈욱 펴봅니다.

자, 이제 됐나요?

숨을 들이쉴 때는 꽃향기를 맡는다고 상상하면서 들이마십니다.

눈을 감고 숨을 들이마십니다.

이제 오른손 검지 손가락을 들어볼까요? 손가락을 촛불이라고 상상해 보세요. 내쉴 때는 촛불을 끈다고 상상하면서 숨을 내쉬어보세요. 훅-하고 세게 끄는 것이 아니라 후~하면서 천천히 숨을 내쉬어봅니다. (2회 정도 숨을 내쉬는 연습을 하고 손가락을 내리게 한다)

자, 이제 숫자를 세면서 호흡하는 연습을 해봅시다.

여러분이 호흡하는 동안 선생님이 숫자를 세어줄 거예요.

숨을 들이마실 때는 하나, 둘, 셋, 넷까지 셀 겁니다. 숨을 내쉴 때는 여섯까지 셀 거예요. 숨을 내쉴 때는 후~하고 소리를 내어도 좋아요. 후~ 같이 한번 해볼까요? (3~4회 정도 숫자를 세어주면서 호흡하도록 한다)

느낌이 어떤가요? (대답을 먼저 듣고 나서 말로 정리해 준다)

마음이 조금 차분해지는 것을 느꼈나요?

날숨을 길게 하면 우리의 몸과 마음을 고요하게 하는 데 도움이 됩니다. 이번에는 반대로 들숨을 길게 해볼까요?

숨을 들이마실 때 여섯까지 세고, 내쉴 때 넷까지 세어볼게요. 다

같이 해볼까요? (3~4회 정도 숫자를 세어주면서 호흡을 하도록 한다)

어떤가요? 반대로 했을 때는 느낌이 조금 달라졌나요? (학생들의 대답을 충분히 들어본다)

이처럼 들숨을 길게 하면 우리 몸이 좀 더 각성되고 흥분된 상태가 됩니다. 혹시 마음이 불안해질 때나 화가 나면 이런 호흡의 상태가 되지요. 그래서 흥분된 마음을 가라앉히는 것이 필요하다 싶을 때는 날숨을 좀 더 길게 내쉬는 방법으로 도움을 받을 수 있어요. 우리 몸이 휴식을 원할 때 몸의 긴장을 풀어주고 조금 더 편안하게 만들어주고 싶을 때도 이렇게 내쉬는 숨을 조금 더 길게 내쉬는 방법을 활용해 보세요.

복잡한 생각 지우기 ──────

학생들에게 명상의 효과를 설명할 수 있는 활동입니다. 머릿속을 여기저기 휘젓고 날아다니는 벌떼를 우리 생각에 비유해 보는 것이 핵심이랍니다.

자, 다 함께 눈을 감고 상상해 볼까요?

지금 내 머릿속에는 벌들이 여러 마리 날아다니고 있어요. 머릿속에 생각이 꽉 차 있는 만큼 벌들의 숫자도 늘어날 거예요. 지금 내 머릿속에는 벌이 몇 마리나 있을까요? 혹시 벌떼들이 윙윙거리며 날아다니는 소리도 들리나요?

이제 나의 주의를 마법의 지팡이라고 상상해 봅시다. 지팡이로 벌 하나를 건드릴 때마다 그 벌이 '뿅' 하고 사라지는 겁니다.

이 벌떼들 때문에 우리가 산만해질 필요는 없습니다.

이 놀이를 해보고 나서 어땠는지 소감을 말해 주세요.

Tip

마음챙김을 학생들에게 안내할 때는 시각화 기법을 자주 사용합니다. 구체적인 이미지를 상상하도록 하면 학생들에게 좀 더 친숙한 느낌으로 마음챙김을 소개할 수 있어 좋습니다. 또한 그런 이미지를 상상하는 것만으로도 밝은 에너지와 함께 몰입감이 생겨서 명상의 효과도 높아집니다.

몸을 편안하게 이완하기 ────

별이 나를 비춘다고 생각하면서 몸을 편안하게 이완시켜주는 활동입니다. 따스하게 내 몸을 비춰주며 어루만져주는 별빛을 상상하면서 내 몸을 토닥토닥해 준다고 생각할 수 있지요. 학기 초 마음이 불안할 때나 학생들의 긴장을 풀어주어야 할 때 등 선생님이 상황에 따라 필요한 멘트를 적절하게 넣어서 사용하면 좋습니다. 여기서는 학기 초에 불안한 마음을 편안하게 하는 멘트를 소개합니다.

밤하늘에 나를 위한 별 하나가 떠 있다고 상상해 봅시다.

이 별빛이 내 몸 구석구석을 따뜻하게 비춘다고 생각해 보세요.

별빛이 나의 이마를 비춘다고 상상하면서 이마를 편안하게 풀어 주세요.

오늘 하루 느꼈던 스트레스와 긴장이 모두 사라진다고 상상해 보세요.

이제는 별빛이 여러분의 어깨를 비춘다고 상상해 봅니다. 긴장했던 어깨가 부드럽게 풀어지는 것을 느껴봅니다. 이제 별빛이 나의 팔을 비춰줍니다. 팔의 힘을 빼고 긴장을 풀어줍니다. 이제 다시 별빛은 손으로 이동합니다. 내 손을 따스하게 비춰주는 별빛을 상상해 보세요.

이번에는 별빛이 나의 가슴으로 이동합니다. 지금 내 마음은 어떤가요? 어떤 느낌이 드는지 알아차려보세요.

신학기가 되어서 새로운 친구들과 선생님을 만나서 아직 많이 낯선가요? 올해는 또 어떤 한 해가 될지 불안한가요? 내가 잘 해낼 수 있을지 걱정이 되기도 하나요? 그런 마음은 너무나 당연한 거예요. 어떤 느낌이 들어도 다 괜찮습니다. 애써 그런 느낌을 없애려고 하지 마세요. 그냥 그런 느낌이 들 때는 지금 내가 불안하구나, 지금 내가 조금 걱정이 되는구나 하고 내 마음을 알아주세요. 잠시 그 느낌과 함께 머물러보세요. 그러면 신기하게도 그 느낌이 어느새 흘러가버리는 것을 경험할 수 있답니다. 별빛이 내 마음을 따스하게 어루만져주네요.

이제 별빛이 내 배를 비춥니다. 배가 따뜻해지면서 소화도 잘 되는 것 같고 편안해지는 것 같네요.

이번에는 다리로 내려갑니다. 별빛이 지친 내 다리를 부드럽게 풀어주고 따스하게 감싸줍니다. 하루 종일 걸어다니느라 고생하는 내 발에도 별빛을 비춰주세요.

마지막으로 나의 몸 전체가 따스한 별빛을 받아 편안해진다고 상상하면서 잠시 머물러보세요.

몸의 감각 알아차리기 ―――

이 활동은 천천히 움직이도록 하는 것이 핵심입니다. 달팽이처럼 느리게 움직이는 동물을 상상하면 됩니다. 이 활동을 통해 몸의 감각을 훨씬 더 섬세하게 알아차릴 수 있는 능력이 키워질 수 있습니다.

자, 두 팔을 천천히 머리 위로 들어 올려보세요.
이 상태에서 팔을 아주 천천히 움직이면서 내려볼 겁니다.
마치 달팽이가 느릿느릿 기어가듯이 아주 천천히 내려옵니다.
마치 두 손이 내려가는지도 모를 만큼 아주 천천히 내려옵니다.
숨을 천천히 들이마시고 천천히 내쉽니다.

다시 한 번 숨을 천천히 들이마시고 천천히 내쉽니다.

내가 할 수 있는 한 가장 천천히 팔을 내려볼 거예요.

네. 아주 잘하고 있습니다.

나의 두 팔이 아주 느린 속도로 천천히 바닥을 향해 내려오고 있습니다.

내가 이렇게 느리게 움직일 수 있다는 것을 느껴보세요.

힘을 빼고 아주 천천히 내려옵니다.

마치 시간이 늘어진 듯 느리게 느리게 움직이는 겁니다.

이제 고개를 아주 천천히 앞으로 숙이기 시작합니다. 최대한 미세하게 움직이려고 노력해 봅니다. 고개를 오른쪽 방향으로 조금씩 움직입니다. 아주 조금씩 조금씩 목을 돌려서 오른쪽 귀가 어깨를 스쳐지나갑니다. 왼쪽 목 근육이 늘어나는 것을 느껴보세요. 조금씩 목을 움직이며 머리를 굴리듯이 천천히 움직여봅니다. 혹시 뻐근하거나 아픈 부분이 있으면 그곳에 잠시 멈춰서 호흡합니다. 다시 목을 천천히 뒤로 돌려서 목을 완전히 뒤로 젖힙니다. 잠시 숨을 깊게 쉬어보세요. 이제 머리가 왼쪽 어깨 쪽으로 갑니다. 천천히 조금씩 조금씩 움직여보세요. 뻐근한 부분을 알아차리고 근육이 서서히 늘어나면서 펴지는 것을 느껴보세요. 머리를 조금씩 움직여서 앞으로 보내봅니다. 고개가 이제 앞으로 숙여진 상태가 됩니다. 이제 천천히 고개를 들면서 머리와 목이 일직선이 되도록 합니다.

천천히 호흡하면서 잠시 멈추고 이 느낌에 머무릅니다. 숨을 천천

히 들이마시고 천천히 내쉽니다. (3회 반복)

이렇게 느리게 움직여보니 어떤 것들이 알아차려졌나요? 어떤 느낌이 들었나요? 함께 이야기를 나누어봅시다.

마음챙김으로 주의 집중하기

●

다음은 수업 중에 마음챙김으로 주의집중을 할 수 있는 활동들입니다. 교사가 이러한 방법들을 여러 가지 수업 기술로 장착하고 있다가 필요한 순간에 꺼내서 쓸 수 있다면 좋겠지요.

여기에 소개한 여러 가지 활동들을 선생님만의 수업에 적절하게 활용해 보시길 권합니다. 그 어떤 방법도 한 번만 해보고 잘 안 되었다고 포기하지는 마세요. 잘되고 못되고 판단하지도 마세요. 그런 과정 또한 알아차려보고 성찰해 보세요. 한번 해보고 나서 나와는 안 맞아 하고 포기하지 말고 선생님에게 맞는 방식으로 변형해서 사용해 보세요. 그 과정에서 선생님만의 콘텐츠가 하나씩 만들어질 겁니다. 해보신 경험은 다른 선생님들과 함께 나누면서 다듬어보도록 합니다.

소리의 끝 따라가기 ──

싱잉볼이나 땡샤, 혹은 종 중에서 선생님이 가지고 있는 도구를 활용합니다. 소리를 낼 수 있는 것이면 다 가능하지만 소리의 진동이 오래 남는 것이 좋습니다. 소리의 끝을 따라가는 활동을 통해서 몸과 마음의 이완을 경험하고 집중력을 높일 수 있습니다.

편안하게 앉아서 허리는 곧게 펴고 명상 자세를 합니다. 손은 무릎 위에 올려놓고 손바닥은 위로 향하게 둡니다.

이제 눈을 감아보세요.

선생님이 들려주는 싱잉볼 소리를 들으면서 가만히 귀를 기울여 봅니다. 소리가 더 이상 들리지 않으면 조용히 손을 듭니다.

선생님이 싱잉볼을 여러 번 칠 겁니다. 어떤 소리는 짧게, 어떤 소리는 길게 느껴질 수 있습니다. 소리가 안 들릴 때까지 귀를 기울여 보고 소리가 더 이상 들리지 않을 때 바로 손을 들어주세요.

(모든 학생이 손을 들 때까지 기다립니다. 거의 다 손을 들었는데도 끝까지 손을 들지 않는 경우에는 선생님이 종료됐음을 말해 줄 수도 있습니다.)

어떤 느낌이 들었는지 이야기해 볼까요?

침묵의 시간으로 초대하기 ──

너무 소란하거나 학생들의 주의가 산만하다고 느낄 때 잠시 멈춰서 아무 말 없이 싱잉볼(또는 다른 종을 이용해도 됩니다)을 치는 것으로 신호를 보냅니다. 학기 초에 미리 안내를 하고 약속을 하면 좋습니다. 모두 눈을 감게 하고 "1분 정도 여러분을 침묵의 시간으로 초대합니다. 잠시 고요함에 머물러볼까요?" 하고 안내합니다.

눈을 감고 들려오는 소리에 집중하기 ———

눈을 감고 주변에서 들리는 소리에 주의를 집중해 봅니다.

교실 안에서 들려오는 소리에 주의를 기울입니다. 좋다 싫다라는 판단을 하지 않고 그냥 소리를 들어보도록 합니다. 어떤 소리가 들리나요? 소리 하나에만 집중하지 말고 여러 가지 소리들을 동시에 알아차려보세요. 교실 밖에서 들리는 소리도 한번 들어보세요. 아주 작은 소리에도 귀를 기울여봅니다.

'배움의 나무' 명상하기 ———

수업을 시작할 때 해도 좋고, 수업 중에 잠시 일어나서 할 수도 있는 활동입니다. '마음챙김 다이어리' 워크숍을 함께 진행한 박주연 선생님께서 소개해 주신 방법입니다.

똑바로 서서, 다리를 살짝 벌리고 섭니다. 발 밑에 있는 바닥의 감각을 느껴봅니다. 내 발이 바닥에 맞닿아 있다는 느낌을 발가락에서부터 발바닥 전체 그리고 뒤꿈치까지 느낍니다.

우리는 이제 배우는 나무가 되고자 합니다. 뿌리가 단단히 땅속 깊이 박혀서 어떤 것도 여러분을 흔들 수 없습니다. 이런 느낌이 얼마나 단단하고 강하게 느껴지는지 알아차려봅니다.

아주 단단히 서 있으면서 나무의 몸통처럼 온몸으로 모든 것을 배우며 빨아들입니다. 팔을 뻗어봅니다. 어깨에서부터 뻗어서 단단한 배움의 힘을 느껴봅니다. 팔을 뻗는 힘을 따라서 손과 손가락 그리고 손가락 끝에 배움의 힘이 뻗칩니다. 손가락을 꼼지락거려봅니다. 이제 배울 준비가 되었다는 것을 말하는 신호로 말입니다.

여러분이 만든 배움의 나무 꼭대기에는 여러분의 머리가 깨어나서 배우기 위한 준비를 마쳤습니다. 오른발을 구르고 다시 왼발을 구르면서 준비가 끝났다는 것을 알려봅니다. 이제 여러분은 대지에 깊이 뿌리를 내린 배움의 나무가 되었습니다. 이제 배울 준비가 되었습니다.

자애 명상으로 친절한 마음 기르기

●

학생들에게 키워주고 싶은 여러 능력들이 있겠지만 저는 그중에서도 공감 능력을 가장 중요하게 생각합니다. 그리고 상대에 대한 공감 능력을 키우기 위해서는 자신에 대한 공감 능력부터 길러야 하지요.

다음은 자치 시간이나 조종례 시간에 학생들과 함께해 보면 좋은 자애 명상 안내 멘트입니다. 평소에 자애 명상을 학급에서 정기적으로 시간을 내서 해나가면 학생들의 친절함과 연민의 마음이 계발되어 평화로운 학급 분위기를 만드는 데에도 도움이 됩니다.

선한 마음으로 상상하기 ———

친구나 가족 등 좋아하는 사람과 함께 가고 싶은 장소를 머릿속에 떠올려봅니다. 어디든 좋습니다.

무엇이 보이나요?

어떤 소리가 들리나요?

어떤 냄새가 나나요?

선한 마음으로 상상해 봅니다. 선한 마음은 모두가 행복하고 잘되기를 바라는 마음입니다.

선한 마음을 갖고 있는 나를 힘껏 안아주세요.

이제 내가 좋아하는 사람도 안아줍니다. 누가 떠오르나요?

이제 껴안은 상대를 보며 마음속으로 말해 보세요.

'당신이 행복하기를 바랍니다. 당신이 멋진 하루를 보내기를 바랍니다.'

이 장소에 초대하고 싶은 사람이 또 있나요?

그 사람들을 모두 초대해 보세요.

그 사람들 모두를 안아줄 수 있도록 여러분의 팔을 더 크게 벌려 보세요.

그들에게 친절하고 선한 마음을 보내보세요.

'당신이 건강하고 행복하기를 바랍니다.'

이제 천천히 눈을 떠보세요.

어떤 장면이 떠올랐는지 함께 이야기 나누어볼까요?

선한 마음 나누기 ——

눈을 감고 즐겁고 행복한 나의 모습을 상상해 봅니다.

여러분이 지금 당장 행복하지 않더라도 괜찮습니다.

내가 좋아하는 사람과 함께 있으면서 웃고 있는 모습이나, 내가 좋아하는 놀이를 하면서 즐거워하는 모습을 떠올려보세요.

이제 마음속으로 이렇게 말해 보세요.

'나는 오늘 행복하고 싶고, 사랑을 나누는 사람이 되고 싶습니다.'

이외에도 지금 나에게 빌어주고 싶은 말을 마음속으로 해보세요.

(잠시 기다리기)

이런 마음을 가질 때 내 몸에서 만들어지는 따뜻한 느낌에 주의를 기울여보세요.

이 따뜻한 느낌이 점점 커지면서 내 심장부터 손가락, 발가락, 머리끝까지 나의 몸을 가득 채운다고 상상해 보세요.

이 느낌에 색깔이 있다면 어떤 색깔일지 한번 떠올려볼까요?

어떤 색이 보이나요? 어떤 색이라도 좋습니다.

그 아름다운 색깔이 내 온몸을 가득 채운다고 상상해 보세요.

내 몸에서 흘러나온 색들이 주위 사람들을 따뜻하게 감싸고, 그 사람들이 행복해 한다고 생각해 보세요. 그리고 이렇게 말해 보세요.

'나는 여러분이 건강하고 안전하기를 바랍니다. 여러분이 평화롭게 잘 지내기를 바랍니다.'

내 느낌과 색깔이 온 세상에 퍼진다고 생각해 보세요. 이제 이렇게 말해 보세요.

'세상 모든 존재가 행복하기를 바랍니다. 모두가 사랑을 주고받으며 평화롭게 살아가기를 바랍니다.'

천천히 심호흡을 하고 눈을 뜹니다.

이 활동은 억지로 착한 사람이 되라거나 친절을 강요하는 놀이가 아닙니다. 마음을 좀 더 부드럽게 하고 열린 상태로 만들어주는 명상이지요. 중요한 것은 이 활동을 할 때 내 마음의 느낌이 어떻게 변하는지를 알아차리는 것입니다. 그래서 명상을 마치고 난 뒤에는 학생들과 함께 느낌에 대해 이야기 나누어보거나 마음의 상태를 색깔이나 그림으로 표현해 보는 활동을 하는 것이 좋습니다. '주위 사람들' 대신, 내가 평소에 불편하게 느꼈던 특정 인물을 대상으로 할 수도 있습니다. 그 사람을 용서하거나 위한다기보다는 내 마음을 편안하게 하기 위한 것이므로, 활동을 하고 난 뒤 어떤 마음이 드는지 함께 이야기 나누어보길 바랍니다.

참고
도서

구가야 아키라, 《최고의 휴식》, RHK

루비왁스, 《너덜너덜 기진맥진 지친 당신을 위한 마음챙김 안내서》, 책세상

마셜 로젠버그, 《비폭력대화》, 한국NVC센터

박재연, 《나는 왜 네 말이 힘들까》, 한빛라이프

브론웬 발라드 글, 로라 칼린 그림, 《너의 마음은 하늘과 같아》, 뜨인돌

샤우나 샤피로, 크리스 화이트, 《마음으로 훈육하라》, 길벗

수잔 카이저 그린랜드, 《마음챙김 놀이》, 불광출판사

알린 K 엉거, 《오늘도 잠 못 드는 그대에게》, 아티젠

오렌 제이 소퍼, 《마음챙김과 비폭력대화》, 불광출판사

에크하르트 톨레, 《에크하르트 톨레의 이 순간의 나》, 센시오

엘랜 랭어, 《마음챙김》, 더퀘스트

엘렌 랭어, 《마음챙김 학습혁명》, 더퀘스트

정연우, 《인생이 마법처럼 풀리는 만다라 명상》, 라온북

줄리아 카메론, 《아티스트 웨이》, 청미

잭 콘필드, 《마음이 아플 땐 불교 심리학》, 불광출판사

천시아, 《제로-현실을 창조하는 마음 상태》, 젠북

첼리 두란 라이언 글, 아놀드 로벨 그림, 《힐드리드 할머니와 밤》, 시공주니어

캐서린 한, 〈비폭력대화 NVC 1단계 교재〉, 한국NVC센터

타라 브랙, 《끌어안음》, 불광출판사

토마스 한나, 《소마틱스》, 군자출판사

톰 홈즈, 로리 홈즈 《소인격체 클리닉》, 시그마프레스

선생님의 마음챙김

1쇄 발행 2021년 6월 27일
2쇄 발행 2022년 12월 15일

지은이 심윤정
발행인 윤을식

펴낸 곳 도서출판 지식프레임
출판등록 2008년 1월 4일 제2020-000053호
주소 서울시 동대문구 청계천로 505, 206호
전화 (02)521-3172 ㅣ **팩스** (02)6007-1835

이메일 editor@jisikframe.com
홈페이지 http://www.jisikframe.com

ISBN 978-89-94655-98-7 (03370)